定年前と定年後の働き方

サードエイジを生きる思考

石山恒貴

光文社新書

はじめに

定年前と定年後の働き方は、個人の思考ひとつで大きく変わる。本書では、50代以降の個人をシニアと呼び、その働き方の思考法について考えていきたい。そのシニアの働き方の思考法の鍵を握るものは幸福感だ。

幸福感と年齢の関係には謎が多い。この謎はU字型カーブやエイジング・パラドックスなどと呼ばれる。どういうことかといえば、個人の幸福感は20代・30代では高いが、その後低下し40代の後半で底をうつ。そして、その後は年齢が上昇するにつれ、幸福感も上昇し続けるのだ。

この年齢と幸福感の関係を示すカーブは、U字型カーブと呼ばれる。なぜ50代以降は、年齢の上昇に伴って幸福感も上昇し続けるのだろうか。高齢期に加齢することは、身体の衰えなど様々な喪失を伴うものと思われる。そのため、むしろ幸福感は低下していくことが想像されるだろう。それなのに幸福感が上昇するという謎が、エイジング・パラドックスと呼ばれるのだ。

実はこのU字型カーブとエイジング・パラドックスこそ、シニアの働き方の充実度を左右するヒントなのである。近年、シニアの働き方と幸福感の関係については研究が進んでいる。それらの研究では、働き方の思考法を変えることで、幸福の追求ができることが明らかになっている。つまり、U字型カーブとエイジング・パラドックスという謎こそが、シニアが幸福に働く鍵だったのだ。

ところがシニア個人の働き方と幸福の関係を考えた書籍は、実はあまりないように思える。というのも、シニアの働き方については、定年再雇用や役職定年など組織側の施策に焦点があたることが多い。あるいは、働き方ではない定年後の生活（健康や余暇など）のあり方と幸福の関係を説く本が多いのではないだろうか。

もちろんシニアの働き方自体をテーマにしている書籍もかなり見受けられる。しかし気になることは、それらの書籍では、悲観的な捉え方が基調になっていることだ。たとえば定年前であれば、シニアは新しいことを学ぶ気がない、上から目線で過去の経験を語り続ける、役職定年や定年再雇用などをきっかけにモチベーションが低下する、など。定年後であれば、シニアは「自分ができる仕事は部長だ」と言い張って再就職ができない、希望にみあう処遇と役割の仕事はない、仕事がなく社会的孤立に陥ってしまう、など。

筆者は企業の人材育成や個人のキャリア形成の研究をしている。その際、企業の人事部門の方々からも、シニアについての意見を聞く。それらには、次のような意見が多い。「日本的雇用では個人のキャリア開発が重視されてこなかった。そのため、シニアは自身のキャリア開発について積極的ではない」「役職定年や定年再雇用後の処遇の低下に伴い、シニアの動機づけをどうすればいいか悩んでいる」「年上部下になったシニアは、年齢を気にする人が多く、マネジメントが難しい」。

こうしたシニアの働き方への悲観的な捉え方を無視することはできない。しかしこれらの捉え方は一面的なものにすぎない。シニア個人は多様であり、悲観的な捉え方があてはまる人もいれば、まったくそうでない人もいる。それなのに一面的な見方が支配的になってしまうのは、日本社会では、ある類型の人々を集団的にくくって捉えてしまうことが多いからだろう。たとえば「イマドキの若者論」、あるいは「シニア男性の働き方を揶揄する呼び方」などがその典型だ。ある類型の年齢や性別の集団を、一括りでこういうものだと決めつけてしまうと、それはわかりやすい。WEB上なら、あっという間にPV（ページビュー）を稼いで話題になりやすい。

しかしそういった集団的な決めつけは、大事なものを見過ごしてしまうだろう。むしろ研究で明らかになっているシニアの働き方を幸福感と結びつける思考法は、個人それぞれ異なった特徴を発揮することにある。シニアを一括りの集団とみなさず、個人の違いにこそ注目する。そうした思考法の違いによってこそ、シニアの幸福な働き方は実現していく。

では、個人の違いを尊重した働き方の思考法とはどのようなものなのか。なぜその思考法は、U字型カーブとエイジング・パラドックスと関係があるのか。そして働き方の思考法を獲得すれば、悲観的な捉え方をされているシニアの働き方が幸福なものへと本当に変わっていくのか。

本書ではこれらの疑問を掘り下げ、それに正面から答えていくことに挑戦していきたい。

筆者は、むしろ定年前と定年後の働き方にこそ、人生でもっとも充実した幸福な時期を実現する可能性があると考えている。そしてその可能性を示すものこそ、U字型カーブとエイジング・パラドックスなのである。ぜひ読者とともに、個人の違いを尊重し幸福な働き方を実現する思考法のあり方を探究する旅を、本書で進めていきたい。

定年前と定年後の働き方——目次

第3章　エイジング・パラドックスの理論をヒントに働き方思考法を考える

第4章　主体的な職務開発のための考え方
——ジョブ・クラフティング

第5章　組織側のシニアへの取り組み………111

第6章 シニア労働者の働き方の選択肢……147

第1章

シニアへの見方を変える

——エイジズムの罠

職場の中核となるシニア

少子高齢化と長寿化の進行により、シニアの働き方への見方を根本的に変える必要が生じている。総務省「労働力調査」によれば、２０２１年の労働力人口で、55歳以上の労働者の比率が31・0％に達している。つまり、日本の職場の3割以上は55歳以上の労働者で占められていることになる。シニアの活躍こそ、日本を支えることになる。しかし、これまでの日本の実態では、シニアの働き方を補助的なものとしか考えていなかった。それを象徴する言葉が「福祉的雇用」である。

　福祉的雇用とは、経済学者の今野浩一郎が唱えた言葉だ。[*1] 企業はシニアが職場の戦力として中核になるとは、さらさら考えていない。しかし、社会的責任としてシニアを雇用する必要がある。そこで、本当は職場で、さほど必要とされていない業務を作り出し、しぶしぶシニアを雇用する。これが、これまでの福祉的雇用の意味だった。これからの日本社会では、一刻も早く福祉的雇用の考えを脱し、シニアを職場の中核と考える必要があるだろう。この福祉的雇用の考えを引きずってしまうと、エイジズムの問題に陥ってしまい、事態はさらに悪くなる。

エイジズムとは何か

セクシズムという言葉が性差別を意味することを知っている人は多いと思う。それに対し、エイジズムは年齢差別を意味する。加齢すること、その中でも典型的にはシニアに対する偏見がエイジズムである。都市社会学や社会老年学を専門とする原田謙によれば、エイジズムのような偏見はステレオタイプとも呼ばれる。[*2]エイジズム、すなわち年齢ステレオタイプは身体化するとされる。つまり、自分の中で無意識に偏見が根付いていく。年齢ステレオタイプは若いうちから内面化し、無意識に自分自身に影響を及ぼす。恐ろしいことに日本の調査では、加齢に関する否定的なステレオタイプをもつこと、つまりシニアに対するエイジズムをもつ者は、短命化が予測されていたという。つまり若い時にシニアに対する偏見をもつと、自身がシニアになった時に内面化された年齢ステレオタイプが自分に影響を与えてしまい、寿命にも悪影響を与えてしまうのだ。因果応報といえばそうだが、なんとも悲しい結末である。

筆者は人材育成の研究者であるため、企業で管理職研修を行うことも多い。残念ながらそのような時に、エイジズムをもつ若い管理職の発言を聞くことがある。最近の企業では、シニア世代の社員の比率が多くなっている。そうなると、若い管理職が年下上司となり、年上部下を持つことは珍しくない。研修でリーダーシップを考えるグループ討議をすると、若い管理職は次のような本音を漏らすのだ。「正直やってられませんよ。管理職は予算を達成しろ、コンプライアンスを守れ、パワハラをするな、部下に残業をさせるなと会社から無茶な要求ばかり。そのうえ、部下は年上ばかりなんです。あのシニアの年上部下たちは困ったものです。全然使えない。過去の経験にしがみつき、新しいことを学ぶ気もなくて、主体性もない。自分ばかり年上部下を押し付けられて、たまったものではありません」。

　管理職が多忙であることは、そのとおりだろう。しかし部下が年上であるという理由だけで使えないと決めつけることは、まさにエイジズムだ。そして筆者が気になったのは、この若い管理職の行く末だった。人は誰でも平等に年を取る。この若い管理職もいずれシニアになっていく。会社組織においては、社長にでもならない限りは自身が年上部下になる可能性が高い。

　自身が年上部下になった時、若い管理職にシニアへの偏見（年齢ステレオタイプ）が内面化されていたらどうなるだろう。自己嫌悪に陥るなど、自分自身へダメージを与えてしまうことになるのではないだろうか。セクシズム（性差別）やレイシズム（人種差別）の場合、差別する側と差別される側の関係は変わりにくい。しかしエイジズムに限っては、加齢への偏見を持つ人は、いずれ自分が偏見を持たれる側へと変わってしまう運命にある。結局、偏見を持つと一番損するのは自分自身ではないだろうか。セクシズムやレイシズムが内面化された人も、他者を傷つけると同時に、最終的には自分を傷つけることになると筆者は考える。

無意識に思い込むという偏見（アンコンシャス・バイアス）

しかし厄介なことは、偏見は無意識に醸成されていくということだ。その結果、本人はそれが偏見と気づいていないことがある。こうした偏見は、無意識の思い込み（アンコンシャス・バイアス）と呼ばれる。

シニアに対するエイジズムは、アンコンシャス・バイアスとして形成されてしまっている可能性が高い。その原因として筆者が気になるのは、メディアなどによる特定の年代・性別などの対象層に関する面白おかしいネーミングだ。これは、シニアに限らない。たとえばリクルートワークス研究所の古屋星斗は、「Z世代、ミレニアル世代、ゆとり世代、就職氷河期世代、新人類」といった世代論、すなわち「イマドキの若者論」は皮相的だと批判している[*3]。実際、バブル時代の新卒入社で会社員となった筆者は、当時「新人類」と呼ばれた。「新人類は残業よりデートを優先する」「新人類は会社より私生活を大事にする」などと、奇妙な存在だと思われたものだ。ところが新人類は、今や「バブル世代」と呼ばれ、Ｚ世代やミレニアル世代など「イマドキの若者」を抑圧する管理職の象徴になってしまっている。

Ｚ世代やミレニアル世代は上司から仕事のフィードバックを求める、承認を求める、「いいね」が好きといわれる。しかしそもそも、どの世代だって、フィードバックも承認も「いいね」もほしいのではないだろうか。そしてどの世代だって、私生活は大事にしたいのではないだろうか。

若者を一括りにした偏見も、年齢を基にした偏見であり、エイジズムであることには変わりない。そしてシニアの場合は、どう考えても差別的としか思えない「シニア男性の働き方を揶揄する呼び方」がＷＥＢ上に溢れている（本書では、その呼び方を記載することは避けたい）。筆者があるメディアの人にお聞きしたところ、その呼び方をＷＥＢ記事に使うとＰＶ（ページビュー）を稼げるので、今までは積極的に使ってきたそうだ。しかし最近、これは差別用語だという認識に変わり、そのメディアの企業では一切使わないことになったという。

特定の年代・性別などの対象層の特徴を一律に決めつける呼び方を繰り返し聞かされた

人々は、それが客観的な真実だと知らず知らずに刷り込まれてしまう可能性があるだろう。そうなるとアンコンシャス・バイアスにつながってしまう。

自己成就予言とピグマリオン効果がシニアに与える影響

エイジズムとアンコンシャス・バイアスは、シニアの働き方に悪影響を与える。その背景にあるものが、自己成就予言と（悪い）ピグマリオン効果である。

アンコンシャス・バイアスのような思い込みが自分に影響を与えてしまう現象は、自己成就予言と呼ばれる。自己成就予言は社会学者のロバート・K・マートンらが中心的な提唱者として知られている。自分はそうなってしまうと考えて行動していると、本当にそうなってしまう、ということを意味する。たとえば組織内の働き方でいうと、周囲から高い期待があるとそのとおり高い成果を達成し、低い期待をされると低い成果しか達成できなくなるメカニズムがこれにあたる。なぜそうなるかといえば、低い期待をされると、防衛的に努力を行わないようになっていき、かつ失敗に対する不安が高まるため、挑戦的な行動もできなくなってしまうからだとされている。[*4]

これに似た概念がピグマリオン効果だ。この効果はギリシャ神話に基づくオヴィディウスの物語から命名されている。キプロスに住むピグマリオンは、自分で彫刻した女性の像に恋してしまい、あたかも本当の人間のように扱う。そしてその女性像が人間になると信じ続け強く願ったところ、ヴィーナスがその願いを聞き入れ、女性像を人間にする。そしてピグマリオンはその女性（ガラティア）と結婚し、幸せに暮らしたという。[*5] この物語が心理学者のロバート・ローゼンタールの研究で、教師など他者に期待された生徒の成績が向上したという研究の効果を説明するように使われることになったのだ。

自己成就予言は、悪い結果を実現する時に使われることが多い。ピグマリオン効果は良い結果に使われることが多いが、シニアの働き方への悪影響に使う場合は「悪いピグマリオン効果」というべき状況の説明になるだろう。

前述の若い管理職のように、上司がシニアとは「過去の経験にしがみつき、新しいことを学ぶ気もなくて、主体性もない」存在だと偏見を持っていたらどうなるだろう。そこまでの偏見はなくとも、人事部や上司は「シニアとは能力が衰えていく存在」とみなしているかもしれない。だからこそ福祉的雇用のように、職場の中核となる仕事を与えてこなかったのかもしれない。そして、「もう第一線の仕事はしなくていいから、若手への技能・技術継承だけやってください」と指示してしまうかもしれない。このような低い期待は、シニアに自己成就予言と悪いピグマリオン効果をもたらし、モチベーションを低下させ、実際にも低い成果につながる危険性があるわけだ。

シニアとは、能力が一方的に衰えていく存在ではない

しかしそもそも、シニアの能力が一方的に衰えていくという見方に根拠はあるのか。加齢と能力の関係を説明する有名な論文に、知能を結晶性知能（crystallized intelligence）と流動性知能（fluid intelligence）に分類したものがある。結晶性知能とは、言語能力など長年の経験によっていう蓄積していく知能であり、加齢によっても衰えにくい。他方、流動性知能は処理のスピードなど、新しい環境に対応することに適した能力であり、若い時にピークとなり、その後は低下していく。[*6] このように当初の研究段階では、シニアにとっては流動性知能の低下を結晶性知能で補うことが重要とされた。しかし、結晶性知能も流動性知能も定年前後の60代では高く維持され、明確に低下していくのは80代以降だとする研究も示されている。[*7]

またシニアの体力面の向上も続いている。現在はスポーツ庁が実施している「体力・運動

能力調査」は１９６４年以来実施されているが、50歳台後半、65歳から79歳の年代の体力・運動能力の上昇傾向は続き、元気なシニアが増えているという。[*8]

　これらのデータを見る限り、定年年齢の60歳以降に急にシニアの能力が衰えるという見方は非現実的であることがわかるだろう。まして定年前の50歳台なら働き盛りとさえいえる。シニアの働き方の問題とは能力の衰えというよりも、エイジズムとアンコンシャス・バイアスに起因する自己成就予言と（悪い）ピグマリオン効果だったのではないだろうか。

「抑うつに陥らないこと」と「経験への開放性」が重要

　加齢に伴い知能を高く維持する要因として、生涯発達心理学を専門とする西田裕紀子は２つの要因が重要であると指摘している。第１の要因は「抑うつに陥らないこと」である。抑うつは結晶性知能と流動性知能の両方に悪影響を与える。第２の要因は「経験への開放性」をもつことである。経験への開放性とは、好奇心旺盛で新しい経験を歓迎する心理特性である。経験への開放性があると結晶性知能に好影響がある。[*9]

　この西田の指摘は、シニアにとっては心理的な要素が重要であることを示している。

そして「抑うつに陥らないこと」と「経験への開放性」は、シニアの働き方思考を実現するための方法と共通した特徴がある。この共通性については後の章で詳しく述べたい。

本章をまとめると、以下が要点となる。

・シニアの能力は、一方的に衰えるものではない。

・シニアに関するエイジズムとアンコンシャス・バイアスは、自己成就予言と（悪い）ピグマリオン効果による悪影響がある。

・シニアの知能を高く保つコツは「抑うつに陥らないこと」と「経験への開放性」。

・つまり、シニアにとっては心理的な要素としての「働き方の思考法」が重要。

第2章

幸福感のU字型カーブとエイジング・パラドックス

幸福感と年齢の関係には、U字型カーブとエイジング・パラドックスという謎があると述べた。本章では、そもそも幸福感とは何か、U字型カーブとエイジング・パラドックスとは何かについて説明していきたい。そのうえで、シニアの働き方と幸福感の関係について考えていきたい。

幸福感とは何か

そもそも幸福感とは何だろうか。これは人類が古代から追求してきた課題であり、一言で答えることはできないだろう。ただ本書が対象に取り上げるのは、「幸福」ではなく「幸福感」である。幸福が客観的にどうあるべきかという問いこそ、実に深淵なものかもしれない。しかし「幸福感」はあくまで自己評価である。たとえば、自分が幸福であるかどうかを、他者に決めつけられるのは大きなお世話だろう。つまり、自分の幸福感は自己評価が望ましい。さらに自己評価であれば、「幸福感」は質問紙調査で研究として実証的に検証することができる。そのため、特にポジティブ心理学と呼ばれる領域で、幸福についての研究は蓄積されてきた。

幸福などという曖昧なものは、学問や研究に向かないと思われる方も多いかもしれない。また幸福という曖昧なものを測定しても、あまり意味はないという疑問を感じるかもしれない。しかし幸福の研究が蓄積されてきたことで、幸福感は意味を持って測定できるようになってきた。そこでU字型カーブとエイジング・パラドックスなどの存在も明らかになってきたのである。

ウェルビーイング、サティスファクション、ハピネス、エウダイモニア

ただし、自己評価だからといって、ただやみくもに幸福の程度を質問項目にすればいいというわけではない。近年では幸福への注目が集まっているが、一般的には、ハピネス（happiness）、サティスファクション（satisfaction）、ウェルビーイング（well-being）、エウダイモニア（eudaimonia）という４つの言葉で使い分けられている。実は幸福にはこうした異なった考え方があり、それを考慮して測定する必要がある。そこでＯＥＣＤ（経済協力開発機構）は『主観的幸福を測る』というガイドラインを出している。[*10]

では、ＯＥＣＤのガイドラインに沿って説明していこう。ＯＥＣＤのいう主観的幸福とは、

本書でいう幸福感ということになる。主観的幸福の幸福を英語で言い換えると、主観的ウェルビーイングになる。この主観的ウェルビーイングは、3つの要素に分類できるという。生活評価、感情、エウダイモニアである。そして生活評価はサティスファクション、感情はハピネスに該当する。つまり、ウェルビーイングとはサティスファクション、ハピネス、エウダイモニアの3つの要素を含む、幸福感を表す包括的な考え方ということになる。幸福を研究する前野隆司・前野マドカは、ウェルビーイングを身体的、精神的、社会的に満たされた状態であり、健康、幸福、福祉を包括した概念と位置づけている。[*11]

3つの要素は次のような意味になる。生活評価（サティスファクション）とは、いわゆる日常生活への満足度である。感情（ハピネス）とは、喜びや楽しみなど、いわば快楽を示す心の状態である。ただし、感情（ハピネス）は一時的なもので、長続きしないとされる。エウダイモニアとは、人生における意義や目的意識を意味する。

エウダイモニアとは、聞きなれない言葉だし、難解と感じるかもしれない。それもそのはず、エウダイモニアは紀元前のギリシャで、アリストテレスが『ニコマコス倫理学』[*12]で唱えた考え方なのである。わかりやすく要約すると、アリストテレスは幸福（ここでは善と表現される）を3つに分類した。快楽（享楽的生活）、名誉（政治的生活）、観照的生活である。

快楽（享楽的生活）は、そのまま素直に感情（ハピネス）にあたると考えることができる。名誉（政治的生活）は少し複雑だが、生活評価（サティスファクション）と感情（ハピネス）にあたるのではないだろうか。名誉とは、わかりやすくいえば、会社内の役職など社会的地位と言い換えることができる。社会的地位が高ければ、報酬など生活水準は向上し、生活評価（サティスファクション）は高くなるだろう。また、社会的地位が高くなれば、今風にいえば、マウントも取りやすくなる。要するに、自分はこんなに偉いんだぞ、と威張ることができる。

他方、観照的生活こそエウダイモニアを意味する。アリストテレスは、ここで難しいことを述べている。観照的生活とは哲学者のためのような生活であり、善を目指して生きることなのだという。そのためには徳を得ることを目指し、日々の中で徳を地道に実践していくことが重要なのだという。

善や徳とは難しい考え方だ。わかりやすくいえば、ＯＥＣＤが示しているように人生における意義や目的を考えながら生きる、ということになるだろう。人生における意義や目的を考えて生きることは、自己実現など人生の充実につながる。意義や目的による人生の充実という幸福がエウダイモニアの意味するところなのだ。

エウダイモニアの実現が、シニアの働き方思考法

ここで本書の結論を先取りすると、エウダイモニアの実現こそが、シニアの働き方思考法なのである。エウダイモニアなんてきれいごとだ、と思う読者もいるかもしれない。あるいは、そんな堅苦しい考え方でシニアが幸福になるのか、という疑問もあるだろう。

たしかに生活評価（サティスファクション）と感情（ハピネス）は、重要だ。武士は食わねど高楊枝、などと強がってみても、やはりお金はほしいし、生活水準が高ければ嬉しい。だから生活評価（サティスファクション）は無視できない。

また感情（ハピネス）＝快楽ほど、ありがたいものはない。快楽は長続きしないといってても、だからといって、美味しいものを食べたり飲んだりする快楽がなければ、人生は楽しめないだろう。あるいは名誉だって快楽だ。筆者も、研究、論文、書籍を褒められるという名誉があれば嬉しいし、それがなければ自分にとって研究は長続きしないだろう。

だからこそ、幸福感を生活評価（サティスファクション）、感情（ハピネス）、エウダイモニアという3つの要素で総合的に測定することには納得感がある。ただ、この3つの要素にはバランスがあるのではないだろうか。

シニアにとっても生活評価（サティスファクション）と感情（ハピネス）が重要であることはいうまでもない。ただ相対的にいえば、シニアになると様々な責任や重圧から解放され、エウダイモニアを追求できる比重が高くなると前向きに捉えることもできる。お金や快楽も大事なのだが、人生には意味も大事だということだ。そして、シニアは若者より自身の生涯に短い展望を持ち、人生の有限性をより強く感じ、人生の意味を追求したいと思うという観点もある（この点に関する理論については、次章で詳しく述べる）。

実際、「令和2年版高齢社会白書」によれば、高齢者で仕事をしている人のうち、49・8%は収入以外の目的（仕事そのものが面白い、友人や仲間を得ることができる、体によい、など）で就労している。[*13] また、筆者とパーソル総合研究所の共同調査によれば、シニアが役職定年や定年再雇用に直面した時、たしかに処遇の低下にショックを受ける。しかしそれ以上に、会社や上司から期待されなくなり、仕事の意味（人生の意味に通ずる）を感じ取れなくなったことにショックを受けていた。[*14]

シニアの働き方において、エウダイモニアを追求し幸福感を高めていく具体的な思考法については、次章以降で詳しく述べていく。

エド・ディナーの人生満足度尺度

幸福感を測定する質問項目として、世界でもっとも使用されていると言っても過言ではないものが、心理学者のエド・ディナーらの人生満足度尺度である。人生満足度尺度はシンプルな5項目で構成されている。聞いている内容は、人生が理想に近いか、素晴らしいか、満足か、大切なものを得たか、などの質問である。[*15]

エド・ディナーらが人生満足度尺度を開発してから、幸福感の研究は飛躍的に進んだ。そしてシンプルに人生への満足の程度を多方面から聞いているので、生活評価（サティスファクション）、感情（ハピネス）、エウダイモニアという3つの要素を包括的に測定できている。このように幸福感については、3つの要素をうまく測ることができるようになるほど研究が進んでいる。

生きがい

ところで幸福と似た概念として「生きがい」という言葉がある。精神科医の神谷美恵子は、生きがいとは日本特有の言葉だとして、その定義を詳しく論じている。[16] 神谷によれば、生きがいは「生存充実感」とでも呼ぶべきものだという。ただ喜びを感じて得られるものではないのだ。むしろ、精神科医であり心理学者でもあるヴィクトール・Ｅ・フランクルが『夜と霧』で述べた意味感という概念に近い。[17] すなわち、ある困難な状況に置かれつつも、そこで苦労を味わい、努力を重ねることで、何かに向かって前進し、生きているという実感を得ている状態である。その中で、自分は何のために、誰のために生きていて、自分の生きる目標は何であるかということを理解できている状態でもある。

フランクルの著作は、強制収容所に収容されてしまった、明日に希望がない極めて困難な状況に置かれた人間がどう生きるかということを問題にしている。そのような時でもあきらめずに生きがいを持つ人がいることに、我々は感動する。

この自分は何のために、誰のために生きていて、自分の生きる目標は何であるかということを理解できている状態（生存充実感）とは、人生における意義や目的意識を考えながら生きるというエウダイモニアの考え方と似ているのではないだろうか。あえていえば、困難な時でもエウダイモニアを追求できる状態が、生きがいであるのかもしれない。

たしかに神谷やフランクルの著作では、困難であるからこそ、はっきりと生きがいを感じることができる状況が中心に語られている。そうした困難な状況では、生活評価（サティスファクション）と感情（ハピネス）による幸福を感じ取ることはできないだろう。

　正直に打ち明ければ、そうした困難な状況でもエウダイモニアを追求できるかどうか、筆者自身にはその自信はない。ただ、生活評価（サティスファクション）と感情（ハピネス）による幸福を感じながら、同時にエウダイモニアを追求することなら、できるかもしれない。筆者は、生活評価（サティスファクション）と感情（ハピネス）による幸福感を否定する必要はないと考える。そこで本書では、生活評価（サティスファクション）と感情（ハピネス）による幸福を感じながらも、エウダイモニアを追求する方法とは何かを考えていきたい。多くのシニアにとっても、それは現実的な選択ではないだろうか。

幸福感のＵ字型カーブ

　では、いよいよ幸福感のＵ字型カーブとエイジング・パラドックスについて論を進めていきたい。年齢と幸福感の関係がＵ字型カーブになることは、多くの研究で指摘されてきた。

２０２１年に発表された論文は、それらの研究を統合した決定的ともいえる内容だ。[*18] 複数の

図表２-１　幸福感のＵ字型カーブのイメージ図

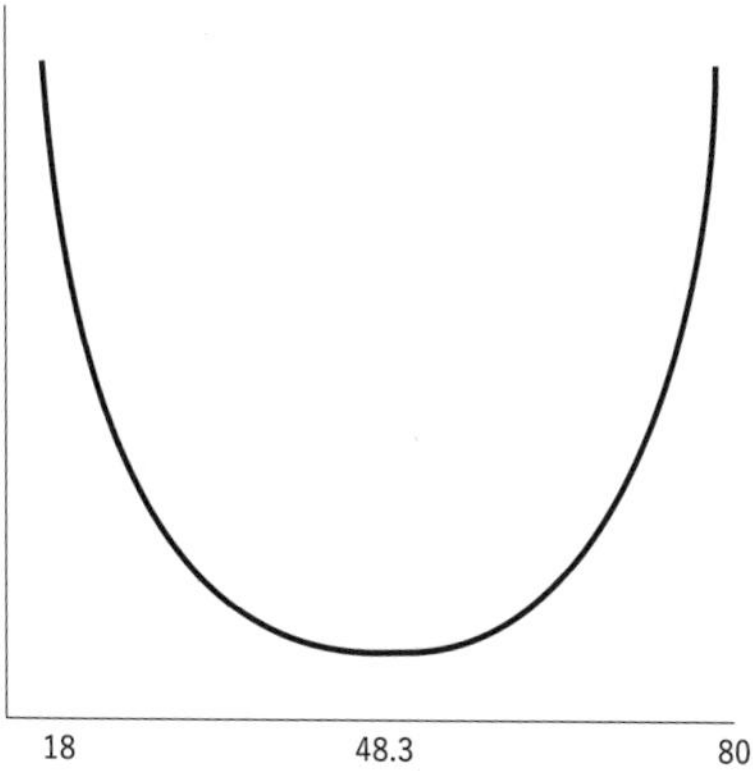

出所）Blanchflower, D. G. (2021). Is happiness U-shaped everywhere? Age and subjective well-being in 145 countries. *Journal of Population Economics,* 34(2), 575-624.における複数の調査データに基づくイメージ図を筆者が作成

幸福感のデータを使い開発途上国１１９か国を含む１４５か国を分析したところ、すべての国においてＵ字型カーブが存在し、幸福感が底となりもっとも低くなる平均年齢は48・３歳だったのだ。つまり、幸福感のＵ字型は国々の経済、文化状況の差によって左右されるものではなく、普遍的に存在するものだったのだ。そして１４５か国の中には日本も含まれている。この論文は、幸福感のＵ字型カーブは神話ではなかったと締めくくられている。その中では、複数の調査データが示されているのだが、それを最大公約数的にイメージ図で示すと**図表２-１**のようになる（実際は調査データにより年齢の範

図表2-2　ジョブ・パフォーマンス（40〜67歳）

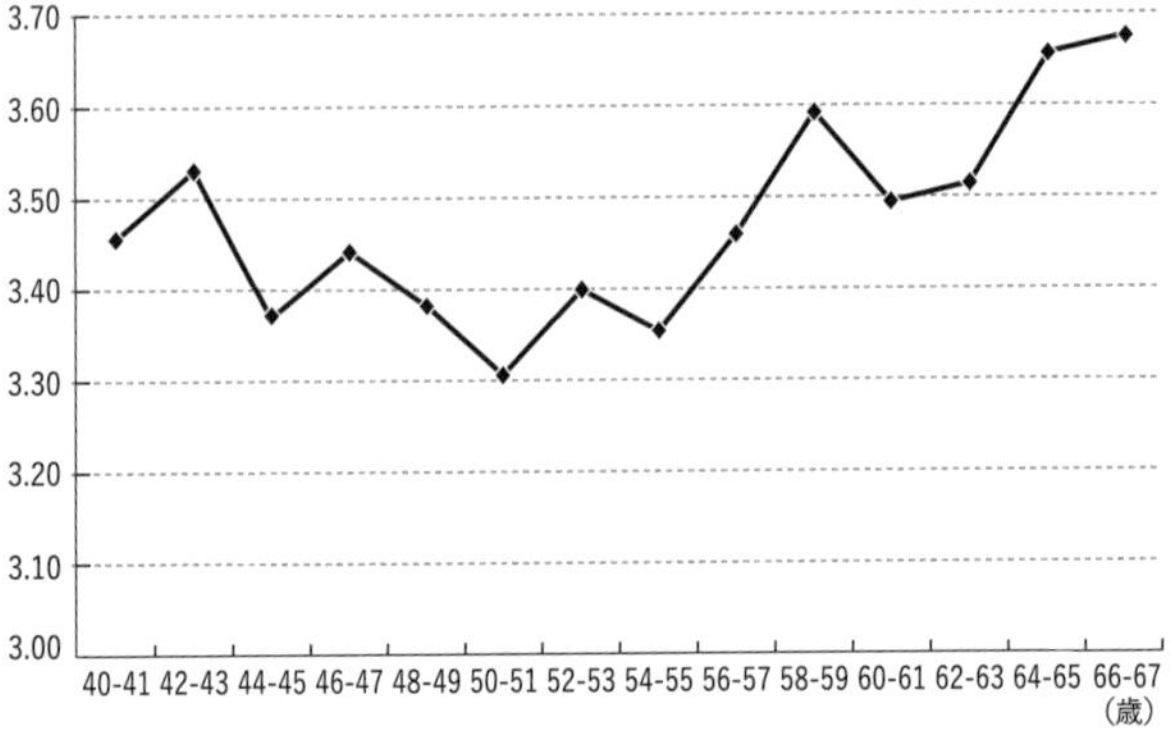

出所）石山恒貴・パーソル総合研究所(2018)『会社人生を後悔しない40代からの仕事術』ダイヤモンド社、286ページ、図表6-23

囲が異なり、16歳から開始される場合もあれば、90歳で終わりになる場合もある）。

また、幸福感のほかに、仕事関係の評価でもU字型カーブに近い傾向を示すデータがある。筆者とパーソル総合研究所の共同調査（２０１７年、３２００人の正社員対象）では、ジョブ・パフォーマンスという指標を測定した。ジョブ・パフォーマンスとは、仕事に成果を発揮しているかどうか、という自己評価である。これを5段階の評価で測ったところ、**図表2-2**のとおり40歳から67歳の範囲では50〜51歳で底となり、その後は上昇傾向となり66〜67歳でもっとも高い得点を示した。

さらに、リクルートワークス研究所の「全国就業実態パネル調査（ＪＰＳＥＤ）２０２

2」[*19]においては、仕事への熱意（仕事に熱心に取り組む、という自己評価）を調査している。正規の職員・従業員を対象にしたところ、あてはまると回答した比率は、15〜24歳が47・9%だった。その後、比率は低下し、35〜44歳、45〜54歳が底となり、42・8%となる。その後は上昇に転じ、55〜64歳は50・2%、65歳以上は64・5%で比率はもっとも高くなる。

役職定年と定年再雇用とは何か

幸福感が40代後半で底を打つＵ字型カーブになることは、世界各国の大規模な調査で検証されていた。日本だけの調査であるが、仕事関連の自己評価の指標においても、50歳前後が底となり、シニアになるほど数値が高くなる傾向が示された。

それでは、日本の雇用の特徴である役職定年と定年再雇用と幸福感とはどのような関係にあるだろうか。ここで、定年前の働き方に大きな影響を与えている役職定年と定年再雇用とはそもそも何か、説明しておきたい。

役職定年と定年再雇用は、前に述べた福祉的雇用という考え方と関係が深い。福祉的雇用の場合、企業は本気でシニアが職場の中核になるとは考えていない。そのため、職場の中核とみなしている他の社員に比べて、処遇を引き下げることになる。役職定年と定年再雇用とは、このようにシニアを他の社員の人事管理と区分する仕組みである。これを今野浩一郎は、「1国2制度型」と呼んでいる。つまり、福祉的雇用とは1国2制度型として実現するのであり、その象徴が役職定年と定年再雇用なのだ。

では、役職定年とはどのような仕組みだろうか。役職定年の始まりは、１９８０年代といわれている。この時期に55歳定年制が60歳定年制へと移行した企業が多く、その際に55歳前後で代替の仕組みとして導入されたようだ。

一般的な役職定年の定義は、管理職が一定の年齢に達するとラインから外す制度とされている。[*20] 役職定年の導入比率は、大手企業で48・３％に達している。[*21] 役職定年は、企業規模が大きくなるほど導入比率が高いが、近年はその実施比率が減少しつつある。[*22] 中堅・中小企業においては人手不足感があり、大手企業よりもシニアに第一線で働いてほしいというニーズが強いのではないだろうか。そのため、企業規模が大きいほど、人手不足が中堅・中小企業ほど深刻でなくなり、役職定年の実施比率が高くなるのだと考えられる。

また役職定年を廃止する企業がある一方で、これから導入を考えている企業もある。国家公務員では定年年齢の延長をきっかけに、２０２３年４月から役職定年が導入された。

定年再雇用は、２０１３年４月に施行された改正高年齢者雇用安定法がきっかけになっている。ここでは、雇用を希望する者全員の65歳までの雇用確保措置が義務づけられている。定年再雇用の定義は、企業が定年年齢自体は60歳から変更せずに、希望者を再雇用によって継続雇用する制度を意味する。[23] 65歳までの雇用確保措置は、定年再雇用だけではない。定年の廃止、延長を行うことも選択肢だ。しかし、そのような選択をする企業は少ない。定年制廃止企業は２・６％、65歳定年の企業は16・１％である。[24]

ここまでで説明してきたとおり、役職定年と定年再雇用は１国２制度型として、シニアの処遇を他の社員と区分する仕組みである。そしてその処遇は低下することになる。一見すると、シニア本人にとって望ましくないような仕組みに思える。では実際のところ、シニアはどう感じているのだろうか。

役職定年と定年再雇用における幸福感

図表２‐３（次ページ）は、筆者が同じ大学院に所属する高尾真紀子氏と行った調査結果を示したものである。[25] この調査は40歳から59歳の正社員と60歳から64歳の定年再雇用者を対

図表2-3　役職定年者と定年再雇用者における幸福感

		1. 非管理職 N=1901	2. 管理職 N=800	3. 役職定年者 N=245	4. 定年再雇用者 N=521	*F*検定
人生満足度	平均	17.68	19.74	19.45	19.38	32.16***
	標準偏差	5.93	5.24	5.80	5.53	
	多重比較	2,3,4	1	1	1	

Note. ***$p<.001$
多重比較は、該当するグループと統計的有意さ（$p<.05$）があったことを示す

出所）Takao, M., & Ishiyama, N. (2021). Effect of career adaptability on subjective well-being of middle-aged and older employees. *Sustainability*, 13(5), 2570.の調査データの分析結果から筆者作成

象に実施している。幸福感は、エド・ディナーらの人生満足度尺度で測定している。

人生満足度の結果がどうであったかについては、人生満足度の平均の欄に示されている。役職定年者の得点は19・45、定年再雇用者は19・38であり、管理職（40歳から59歳）の19・74と比較して、統計的に差があるとはいえなかった。他方、非管理職（40歳から59歳）は17・68であり、これは役職定年者、定年再雇用者、管理職に比べて統計的に差があり、低い得点であった。

これは意外に思える結果かもしれない。実は、役職定年者と定年再雇用者の幸福感は、1国2制度型の他の区分の社員と比較して、低くなかったのである。むしろ、非管理職（40歳から59歳）に比べると、役職定年者と定年再雇用者の幸福感は高かったのだ。

図表2-4　役職定年者と定年再雇用者における幸福感

		1. 54歳以下 非管理職 N=2023	2. 54歳以下 管理職 N=591	3. 55歳以上 非管理職 N=482	4. 55歳以上 管理職 N=255	5. 50代役職 定年制 N=323	5. 60代前半 定年再雇用 N=473	*F*検定
ワーク・エンゲイジメント	平均	2.42	2.79	2.60	2.76	2.70	2.64	15.19***
	SD	1.11	1.08	1.15	1.04	0.95	0.95	
	多重比較	2,3,4,5,6	1,3	1,2	1	1	1	

Note. ***$p < .001$
多重比較は、該当するグループと統計的有意さ（$p < .05$）があったことを示す

出所）石山恒貴・高尾真紀子（2021）「役職定年制と定年再雇用対象者におけるワーク・エンゲイジメントの実態と規定要因」『日本労務学会誌』Vol.21, No.3, pp.43-62、p.53, 表2

役職定年と定年再雇用における仕事への熱意

さらに、役職定年者と定年再雇用者の仕事への熱意の調査結果も見てみたい（**図表2-4**）。この結果も高尾真紀子氏との共同調査によるものである。[*26] 仕事への熱意は、ワーク・エンゲイジメントという概念で測定することができる。ワーク・エンゲイジメントとは、個人の仕事への活動水準の高さを表す心理状態を学術的に測定するために作成された概念であり、職場での様々な望ましい行動につながる。[*27] 近年では、人的資本の開示項目としても注目されている。

　こちらの調査では、幸福感よりも区分を詳しくしている。そして、この調査結果も、幸福感と同様の結果となっている。つまり役職定年者と定年再雇用者のワーク・

エンゲイジメントの得点は、管理職（40歳から59歳）と比較して統計的に差があるとはいえなかった。むしろ非管理職（40歳から54歳）に比べると、役職定年者と定年再雇用者のワーク・エンゲイジメントの得点は、統計的に差があり、高かったのだ。

役職定年と定年再雇用の実態

前に述べたとおり、メディアはシニアの働き方を悲観的に捉えることが多い。役職定年や定年再雇用などをきっかけにモチベーションが低下する、と捉えることもある。そして「シニア男性の働き方を揶揄する呼び方」をすることもある。

しかしこうした悲観的な捉え方は、幸福感と仕事への熱意の調査を見る限り、あてはまっていなかった。むしろシニアの働き方への悲観的な捉え方は、神話の類だったのかもしれない。

これは、幸福感のU字型カーブの観点からすれば、当然の結果とみなすこともできる。48・3歳を底として幸福感は上昇していく。55歳前後から始まる役職定年、60歳から始まる定年再雇用は、上昇カーブに乗り始める段階の年代だ。そうだとすると、役職定年と定年再雇用の幸福感と仕事への熱意が、全体として低くないという結果に違和感はないはずだ。

そのうえで、やはり年代層を一律に捉える見方は好ましくないだろう。前にも述べた筆者とパーソル総合研究所の共同調査[*28]では、役職定年者の意見を自由記述で聞いている。その結果は、「やる気がまったく出ない」「理不尽」「会社へ不信感が残った」「力を持て余す」「メインストリームから外れた」「廃人になる」「夜も眠れない」など否定的なコメントが並ぶ。こうしたコメントをした方々の幸福感と仕事への熱意が低下したことは想像に難くない。実際、37・7％の人が「仕事に対するやる気が低下した」、34・4％の人が「喪失感・寂しさを感じた」と回答している。

他方、30・3％の人が「自分のキャリアと向き合う機会になった」、同じく30・3％の人が「プレッシャーがなくなり、気持ちが楽になった」、20・7％の人が「マネジメントから解放され、いままで取り組めなかったことをやる気になった」と回答している。つまり同じ役職定年であっても人の受け取り方は様々であり、そこには個人差も大きいと考えられる。

このようにシニアの働き方と幸福感については、個人の違いを見ていくことが重要だろう。実は、高尾真紀子氏と筆者の幸福感に関する共同調査では、好奇心と自身のキャリアへの関心を持つことが、幸福感を高めていた。これは西田裕紀子が、加齢に伴い知能を高く維持する要因として「経験への開放性」をあげていたことと一致する。経験への開放性とは、好奇心旺盛であることだからだ。こうした個人の心理状態の違いは、働き方思考法を構成する重要な要素である。以降の章では、働き方思考法を個人としてどう活かしていけばいいのか詳しく考えていく。

エイジング・パラドックス

本章で述べてきた幸福感のU字型カーブなど、シニアに関する肯定的な捉え方はエイジング・パラドックスと呼ばれる。シニアになり加齢していくと、様々な喪失や衰えがあるはずなのに、幸福感が高まっていくことは矛盾（パラドックス）と受け取れるからである。この点は、多くの研究者にとっても謎と感じられた。そしてエイジング・パラドックスの謎に挑戦すべく、様々な理論が提唱された。筆者はエイジング・パラドックスの謎に挑戦した理論の中に、シニアの幸福感を高める働き方思考法を実現するヒントがあると考えている。次章ではこの点を具体的に説明したい。

本章をまとめると、以下が要点となる。

・幸福感は、生活評価（サティスファクション）、感情（ハピネス）、エウダイモニアという3つの要素で測定できる。
・エウダイモニアの意味するところとは、意義や目的による人生の充実である。
・生きがいとは生存充実感であり、困難な時でもエウダイモニアを追求できる状態である。
・幸福感は年齢でU字型カーブを描く。
・役職定年者と定年再雇用者の幸福感と仕事への熱意は、全体として低くない。
・シニアの働き方と幸福感については、個人の違いを見ていくことが重要。
・シニアになり加齢していくと、様々な喪失や衰えがあるはずなのに、幸福感が高まっていくことがエイジング・パラドックス。

第3章

エイジング・パラドックスの理論をヒントに働き方思考法を考える

いよいよ本章では、エイジング・パラドックスを説明する様々な理論を参照しつつ、シニアの幸福感を高める、具体的な働き方思考法を考えていく。その際、定年前と定年後の働き方を分断して考えることにこそ問題があると、筆者は考える。たしかに、定年前と定年後で働き方は大きく変わってしまう。今まで勤めた会社を辞めてしまう場合もある。職種も変わるかもしれない。また雇用形態も変わってしまうかもしれない。たとえば定年後はそもそも雇用されるのではなく、フリーランスになる人も多いだろう（こうした働き方の多様性については、後の章で詳しく述べたい）。

こうした働き方の変化自体に目を奪われると、定年前と定年後の働き方思考法を分断して考えてしまう。しかし働き方思考法においては、定年前と定年後を連続的に捉えるべきだろう。なぜ連続して考えることが大事なのか。その点を含めて、エイジング・パラドックスの理論を考えていきたい。

シニアの心理適応に関する理論

シニアが加齢にいかに心理適応していくのか、それを説明するための理論はかなり以前から研究されていた。代表的な理論は、離脱理論[29]、活動理論[30]、継続性理論[31]の３つである。離脱理論は、社会を維持するためにシニアが仕事から離脱することは義務である、と主張する。社会の効率性を維持するためには若手が働くことが重要であり、死亡率の高いシニアが重要な仕事をすることは好ましくなく、若手に仕事を譲るべきだというのだ。他方、活動理論はシニアにおいても、ミドル時代の活動をなるべく維持する心理状態を保つことが重要だと指摘する。これは人間の発達において、ミドル時代こそ最盛期であるとみなしているからだ。

　離脱理論と活動理論は主張が正反対であり、当然のごとく論争が起きた。社会心理学と社会老年学を専門とする片桐恵子によれば、基本的には活動理論が妥当である結論に至ったという。活動的なシニアのほうが健康状態が良いことが、様々な研究で裏付けられたからだ[32]。

　ただし、これらの理論が唱えられたのは１９６０年代である。そのせいか、いずれの理論も現時点の我々から見ると違和感があることも事実だ。２つの理論が主張する内容自体は正反対なのだが、いずれもシニアとは衰えていく存在であり、人間はミドル時代に最盛期を迎えるという前提がある。

　この２つの理論に対して、継続性理論では個人のパーソナリティ（特性）の違いに着目する。個人のパーソナリティはそれぞれ異なり、シニアになってもその違いがなくなるわけではない。そのため、シニアは自分のパーソナリティの継続性によって心理適応している、ということがこの理論の内容である。

離脱理論と活動理論はシニアの心理適応を、マクロ的な社会の観点からも説明しようとしている。これは当時のアメリカの社会学の「誇大理論」とも呼ばれる傾向のせいである。それは、社会を何かひとつの統一的な理論で説明しつくそうという傾向だ。本書では、シニアの個人の多様性を重視する立場にあるので、そういう意味でもこの２つの理論は不十分だと考える。また継続性理論は、よりミクロ的に個人の違いに注目している。その意味では本書の立場に近い。ただ、ではその個人の違いを具体的にどう活かせばいいのか、という点までは説明していない。

結局、この３つの理論では、シニア個人がどういう思考法を目指せばいいのか、この点で不十分さが残る。そこで本章では、シニアが具体的な働き方思考法を考えるうえで具体的なヒントを多く含む理論である、社会情動的選択性理論（socioemotional selectivity theory：ＳＳＴ）[*33]と選択最適化補償理論（selection optimization with compensation theory：ＳＯＣ理論）[*34]を紹介していく。この２つの理論の研究蓄積は進んでおり、有用な内容だと筆者は考える。

ただし、社会学と社会老年学を専門とする小田利勝はこの３つの理論にも、シニアにとって参考になる点があると指摘している。[35] 離脱理論は、シニアを社会との関係で存在する様々な重責から解放し、ストレスを軽減するきっかけになり得る。活動理論は、シニアになっても重要な仕事を継続していくことで、自尊心を高めることにつながる。継続性理論は、シニアになっても自分のパーソナリティや個性を大事にすることにつながる。実は、これらの点はＳＳＴとＳＯＣ理論にも含まれる重要な点である。離脱理論、活動理論、継続性理論は、ＳＳＴとＳＯＣ理論への発展につながったと考えることができるだろう。

SSTとは何か

まず、ＳＳＴ[36]について説明する。ＳＳＴでは、時間展望という考え方が重要となる。時間展望とは個人がどのように時間の流れを認知し、意味づけているかということを示す概念だ。ＳＳＴの場合の時間展望は、個人が残された自分の生涯をどのように捉えているか、ということになる。

若者であれば、自分の生涯に長い展望を持っている。そうなると、将来のためのスキルを獲得することを目指して、多様な人々と交流しつつ新しい経験を積もうとするだろう。これは若者にとっては重要で意義のあることだ。ただし、新しいスキル獲得のためには苦労が伴う。多様な人々と交流するということは、気の合わない人とも我慢して付き合うことがあるかもしれない。そうした過程ではストレスも発生する。

他方、ＳＳＴではシニアは自身の生涯に短い展望を持っていると考える。それは、シニアが自らの人生の有限性を明確に意識していることを意味する。そうなるとシニアは、若手とは異なり、より限定的な人々との交流を重視する。具体的には、自分にとって親密で、意義があると考える人々とだけ交流する傾向が強くなるのだ。おそらくその場合、シニアは若者に比べて、人々との交流でストレスを感じることは少なくなる。

短い時間展望がシニアに影響するのは人々との交流だけではない。人生を生きる目的も、感情的により意義のあるものだけに絞り込むことになる。何か情報を得ようとする時も、自分にとって価値あるものだけを求めるようになる。結果として、シニアは他者との関係性では、より親密性を重視する。また、より自分の価値観に合った感情、自己概念を持ち、それに適した情報探索ができるようになる。

ＳＳＴは多くの研究で、その実証性が示されている。たとえば、ＳＳＴのような現象が起こるのは、シニアだけとは限らない。難しい病気になってしまい、年齢が若くても自身の生涯に短い展望を持つ場合もある。そのような場合においては、年齢が若くてもシニアと同じように、自分にとって親密な人々の交流や意義ある目的を重視するようになることが示されている。

ＳＳＴが主張するように、シニアが自分の価値観に合ったことを追求できるようになれば、まずストレスは減るのではないだろうか。気が合わない人と付き合わずに済むし、気の進まないことに我慢して時間を費やすことも少なくなる。そして、ＳＳＴの実践がうまくいけば、エウダイモニアも高まることになるだろう。エウダイモニアとは、人生における意義や目的を考えて生きることだったからだ。ＳＳＴとは以上のような論理で、シニアの幸福、すなわちエイジング・パラドックスを説明する理論なのだ。

ＳＳＴの活かし方とサードエイジ

同じ役職定年を経験しても、「仕事に対するやる気が低下した」「喪失感・寂しさを感じた」と感じる人がいる一方で、「プレッシャーがなくなり、気持ちが楽になった」「マネジメントから解放され、いままで取り組めなかったことをやる気になった」と感じる人もいることは、前に述べた。プレッシャーから解放され、今までできなかったことに取り組む。これは、ＳＳＴにおける自分にとって価値のあることだけを追求する、という考え方と似ていないだろうか。

定年前の役職定年や定年再雇用の時期に、会社の中で、自分にとってより価値ある目的を追求することは可能だろう。それだけでなく、定年後には、より自由な立場でＳＳＴに沿った働き方を選択する余地は高まる。先に述べたように、高齢者で仕事をしている人のうち、49・８％は収入以外の目的（仕事そのものが面白い、友人や仲間を得ることができる、体によい、など）で就労している。

もちろん、定年後であっても、収入のために働く必要はあるだろう。しかしそうした場合であっても、自分にとってより価値ある目的を意識しながら、働き方を選択する方法はあるだろう（具体的な方法論などは、第６章で検討する）。

いわば、伊能忠敬のような生き方である。伊能忠敬は、現在の千葉県香取市で酒造家の商人として活躍したが、49歳で隠居した。その後、深川に住み、蔵前にある暦局で幕府の天文方の高橋至時《よしとき》に師事し、熱心に天文・暦学を学ぶ。そしてもともとは地球の大きさを推定したいために、蝦夷地の測量を幕府に願い、許可される。それがきっかけとなり日本全国を測量、これが日本地図の作成につながったそうである。[*37]

これはSSTのいう、自分にとって意義ある目的を重視した例ではないだろうか。伊能忠敬は、隠居後に天文・暦学や測量に関わるという新しい目的を見出し、幸福を強く感じたのだろう。

このような観点でシニア期を過ごすことは、人生の第3の時期、サードエイジともいわれる。サードエイジとは、歴史社会学を専門とするピーター・ラスレットが唱えたことで知られている。[*38] ラスレットはサードエイジを、アメリカやイギリスなどの長寿化（実は日本もそうだと付け加えている）により生じた時期であり、第2の時期であるセカンドエイジでは成し遂げられなかったことを達成する人生の充実期だと説明している。片桐恵子は、サードエイジとはセカンドエイジとは異なる社会との関わりの活動をする時期だとする。[*39] 活動には様々なものがある。就労、無償ボランティア、有償ボランティア、NPO活動、学習活動、趣味を極める、などである。それが新しい志向の枠組みとしての創造性、言い換えれば「英知」にもつながっていくという。

経営哲学者のチャールズ・ハンディは、サードエイジを次のように説明している。[*40] ヒンズー教では、人生を学生、世帯主、隠遁、托鉢僧の4つに区分したという。そして人生は同様に4つに区分することができる。第1期は生活と仕事に準備する時期。第2期は有給の仕事や家庭生活など、人生に努力を傾注する時期。そして第3期は活動的な時期ではあるが、本格的な努力から解放され、第2期とは違うことを追求できる時期。そして第4期はヒンズー教でいう托鉢僧の時期であり、活動することが難しくなり、死の準備に入る時期である。ヒンズー教でいうところの隠遁、第3期がサードエイジである。ハンディは、サードエイジでは健康に留意しながら、人生を気楽に捉えなおし、新しい柔軟性を持って第2期にはできなかった活動をすることを勧めている。これこそが、ＳＳＴのいう自分にとって意義ある目的を重視した活動ではないだろうか。

　小田利勝は、50歳以降をサードエイジとして捉えることを勧めている。[*41] 小田によれば、サードエイジは第2の成長の時期と考えられる。40歳や50歳をピークにして下降、衰退していくという人間観は古いものである。そうであれば、50歳くらいから第2の成長に向けて、いろいろ準備を始めることが良い。その場合、60歳あるいは65歳で定年退職することはサードエイジの中の通過点にすぎない。1か月から数か月の短期、数年間の中期、サードエイジ全体の長期の生活目標をそれぞれ設定し、サードエイジ全体の生活設計をしていけば良いと指摘する。

本書でいうシニアは50歳以上であるから、まさにサードエイジと重なる。さらに定年前と定年後を分断すべきでないと前に述べた。シニア期がサードエイジと重なるとすれば、それを分断せず、連続的な期間と捉えて働き方思考法を考えていくことが望ましいわけである。

SSTとマッチョイズム

SSTに沿って、サードエイジで自分にとって意義ある新しい活動をする。それは収入に余裕のあるシニアに限った贅沢な話だ、という批判もあるだろう。そうした批判を否定することはできないだろう。シニアの収入については、第6章で考えてみたい。

ただし、SSTに沿ってエウダイモニアを追求する場合に問題になるのは、収入だけではない。むしろ、「マッチョイズム」への囚われが問題になるのではないだろうか。マッチョイズムについては、リクルートワークス研究所の筒井健太郎のコラム[*42]が秀逸である。筒井によればマッチョイズムとは伝統的な男性らしさの規範であり、日本社会で男性が特権を享受していたからこそ、広まってしまった考え方である。その中核にあるものは、仕事中心の価値観である。マッチョイズムへの囚われは、ありのままの自分の価値観を大事にすることを難しくしてしまい、多くの人の生きづらさの原因となってしまう。

古くからマッチョイズムの問題を指摘してきたのはG・ホフステードである。社会心理学者のホフステードは世界各国の国民文化の違いを研究し、それを表す指標を作成した。[*43] その指標のひとつが、「男性らしさ（masculinity）」対「女性らしさ（femininity）」という次元である。この「男性らしさ」はマッチョイズムとほぼ同じ考え方とみなすことができよう。

なんと、世界50か国の中で、もっとも「男性らしさ」のスコアが高い国は日本である。日本のスコアは95で、2位のオーストリアが79だから、ぶっちぎりの1位であろう。他方「女性らしさ」が高い国は北欧である。「男性らしさ」スコアは、デンマークが16、オランダが14、ノルウェーが8、スウェーデンが5であり、この4か国が「女性らしさ」の上位4か国である。

「男性らしさ」とは高い給与、良い仕事をした承認、昇進、やりがいのある仕事を重視する価値観を示す。「女性らしさ」とは、上司との良い関係、協力しあえる人と働くこと、自分と家族が希望する居住地に住むこと、雇用の保障を重視する価値観を示す。

ちなみに北欧といえば、幸福感の高い国々として有名である。なぜ北欧の幸福感が高いか、ということには様々な研究がある。世界価値観調査等による政治学者のロナルド・イングルハートの国別の価値観の分析では、社会の多様性や他者に対する寛容さが高い国々ほど幸福感が高いという[*44]。良好な人間関係や居住地の選択という私生活を重視する北欧の女性らしさは、他者への寛容さと関わりが深いであろう。

他方、マッチョイズムとは、仕事で他者に勝つことを重視しているわけだから、寛容さにはつながりにくい。マッチョイズムは、仕事で勝つためには私生活を犠牲にすべきだという思考でもあるだろう。そうなると、私生活を優先して転勤を拒否する人間や残業を嫌う人間には寛容になれなくなってしまう。競争の重視と他者への非寛容さは、我慢比べのようなものかもしれない。

もちろん、努力して良い仕事を行い、昇進を目指すことは否定されるべきではないだろう。競争があるからこそ、社会は進歩する。問題は、マッチョイズムだけが唯一のあるべき価値観と思い込んでしまうことだ。マッチョイズムは、数ある価値観の中のひとつにすぎない。しかし、それまでの人生で企業戦士として仕事の達成と競争こそすべてという価値観に染まりきっていると、マッチョイズムだけを重視する思い込みにはまってしまう。

ＳＳＴに沿ってエウダイモニアを追求するのであれば、どのような価値観が自分にとって意義があるのか、再考することが重要だ。マッチョイズムへの囚われ、という問題があることを認識しておいて損はないだろう。

ＳＯＣ理論とは何か

次にＳＯＣ理論について考えたい。筆者はこの理論こそ、エイジング・パラドックスを説明しつつ、シニアの働き方にとって具体的に参考になるものだと考える。

ＳＯＣ理論は心理学者のポール・バルテスが提唱した理論である。[*45] バルテスは生涯発達心理学の研究者だが、ＳＯＣ理論を着想したのは研究の比較的後期だといわれている。やはり人間は、若い時はその関心に合ったこと、加齢した時期はその関心に合ったこと、というように自分の関心に合わせて研究していくものなのかもしれない。

バルテスがＳＯＣ理論を唱えるまで、生涯発達におけるシニアとは、老いていき、衰えていく存在と想定されていた。そのためシニアにとっての生涯発達課題とは、老いて衰えていく中で、いかに死を受容できる存在になるかということだった。その中には、次の世代に自分の知識や経験を継承するという発達課題も含まれているため、その点では前向きかもしれない。しかしその点すらも、自分は衰えるからこそ次世代に何かを継承しなければならない、という前提があることになる。

他方、ＳＯＣ理論では、シニアを一方的に喪失していく存在とは捉えない。ＳＯＣ理論では、喪失と獲得をコインの裏表の関係と考える。喪失するからこそ、新しく何かを獲得することができる。逆に獲得するためには、何かを手放さなければならない。むしろ人の発達にとって、喪失と獲得は切っても切り離せないものであり、お互いに必要なものなのだ。筆者は、ＳＯＣ理論はサードエイジの考えにもうまくあてはまると考える。つまり、喪失（衰え）を自覚しながらも、だからこそ何か新しいことが獲得できるという、若い時とは違った発達を大事にするということなのだ。サードエイジとは、若い時とは違う次元の新しい発達をしていく時期なのだ。

この新しい発達のためにＳＯＣ理論では、シニアが加齢していく中でも、獲得の最大化と喪失の最小化を目指す。ではそのためにどうすればいいかというと、選択、最適化、補償という3つの方略を使うことになる。

まず選択である。加齢によって変化の只中にあるシニアにとって、目的をそれまでと変えないことは非現実的だろう。そこで加齢の変化という現実に適するように、自分にとっての目的を特定していく。たとえば目的を重要なものに絞り、新しい目的を探し、目的の構造を再構築してみる、などの方法を駆使することが必要になる。

次は最適化だ。最適化では、選択によって特定した目的にうまく適応する方略が示されている。たとえば、うまく時間を配分し、新しいスキルと資源を習得し、成功している他者を模倣し、自己開発に自身を動機づけていく。これらの方略を使えば、新しく特定した目的をうまく活用できるだろう。

最後が補償だ。補償とは喪失を補う方略である。シニアにとって、加齢に伴い、なにがしかの喪失が生じることはやむを得ないことだ。しかし、それは対処できないことではない。むしろ別の手段で補っていけば、それによって新しい獲得ができることになる。具体的には、努力・時間の配分を増やし、未使用のスキルと資源を活性化し、補償につながるような成功をしている他者を模倣し、他者の助けを得ることなどが有効なのだ。これら3つの方略をまとめたものが、**図表3-1**である。

SOC理論はエイジング・パラドックスを、どのように説明しているのだろうか。それはシニアが3つの方略を使いこなすと、加齢にうまく適応できるという説明になる。もちろんすべてのシニアがSOC理論をうまく使いこなしているわけではないだろう。そういう意味では、SOC理論とは、うまく加齢に適応しているシニアの成功パターンを示したもの、と

図表3-1　SOC理論の枠組み

選択 （目的／成果）	最適化 （目的に関連した手段）	補償 （喪失に対処する手段と資源・目的に関連する手段の減少）
主体的選択 目的の特定 目的の構造化 目的へのコミットメント **喪失に基づく選択** もっとも重要な目的への焦点化 新しい目的を探す 目的の構造の再構築	注意の焦点化 努力 時間の配分 新しいスキル／資源の獲得 成功している他者の模倣 自己啓発への動機づけ	注意の焦点化の増加 努力の増加 時間の配分の増加 未使用のスキル／資源の活性化 新しいスキル／資源の獲得 補償となるような成功している他者の模倣 外部の力を使う 他者の助けを得る

出所）Baltes, P.B. (1997), On the incomplete architecture of human ontogeny: selection, optimization, and compensation as foundation of developmental theory, *American Psychologist*, 52(4), 366–380, p.372, Table1を筆者が抜粋して翻訳

いえるだろう。

手術室看護師による SOC理論の実践

理屈としてSOC理論はわかったが、応用イメージが湧きにくい、という読者がいるかもしれない。そこで、筆者の研究室のゼミ生の修士論文を紹介させていただきたい。筆者は社会人大学院の教員である。そのため筆者の研究室では20代から70代までの幅広い年齢層の社会人が大学院生として学んでいる。

筆者の研究室では人材育成全般を研究対象としている。その領域の中から、ゼミ生が自分に関心のある課題を修士論文のテーマとして選ん

でいく。やはり多いテーマは、ミドル・シニアのキャリアに関する研究である。社会人にとって、自身がミドル・シニアという年代に差し掛かる状況で、どう生きていくべきかということが関心の高いテーマであることは間違いないだろう。

そして、その中の修士論文のひとつが、手術室看護師が加齢に対応してどのように職務を継続する工夫をしているかということを解き明かしたものである。その論文では、手術室看護師の加齢に対応するための様々な工夫がＳＯＣ理論に合致していたことが示された。[*46]

論文を書いたゼミ修了生の倉藤晶子さんは、自身が看護師である。倉藤さんは、現場で手術室看護師が加齢を自覚する中で、どのように職務継続を意思決定しているのかということについて強く関心を持っていた。そこで14名の加齢を自覚している手術室看護師にインタビューし、どのように職務継続を意思決定したのか調査したのだ。

容易に想像できるように、手術室看護師とは繁忙であり、緊張を強いられる業務である。患者のためには、手術中に安心・安全な看護を提供しなければならない。しかし手術は長時間続くこともあるだろう。またロボット技術の導入などを典型例として、手術の進め方（術式）は日進月歩であり、高度化・複雑化が進む。そのうえ人手不足である。こうした環境下で加齢を自覚すると、適切に器材を扱えるのか、スピーディーな判断ができるのか、不安を感じる手術室看護師は多いそうだ。

では、手術室看護師はどのようにＳＯＣ理論を実践していくのだろうか。その始まりは、衰えを自覚することにある。加齢とともに、手術室看護師は以前と比べてスピーディーに手術に対応できなくなっていることに気がつくそうだ。それは視力や握力など、物理的な体力面の衰えにも一因がある。夜勤などがあることも考えれば、体力面の衰えは無視できない。そのため手術室看護師は、果たしてこのままこの職場にいてもいいのか、それは患者やチームに迷惑をかけるのではないか、と思い悩むそうだ。

しかしこうした葛藤を経て、手術室看護師は職務を継続するための様々な工夫を行う。その工夫こそ、ＳＯＣ理論に合致していた。具体的には次のとおりだ。

選択では、介助する術式を厳選する。手術室看護師は衰えを感じるまでは、多様な術式に対応できた。しかし自分の衰えを鑑みれば、患者やチームに迷惑をかけないためにも、対応可能で得意な術式に絞り込むことが得策と判断するのだ。これは選択における、目的を重要なものに絞るということに該当するだろう。

最適化では、多様な工夫が見られる。たとえば、スピードの遅れを物品の万全な準備と、イメージトレーニングを念入りに行うことでカバーし、厳選した術式を極めようとしていく。

最適化では、新しいスキルと資源を習得し、自己開発に自身を動機づけていくことが方略だった。ここで手術室看護師が行っていたことは、衰えを前提としながらも、その中で新しいスキルと資源を身につけ、自己開発を続けていく取り組みそのものだろう。

　補償では、手術室看護師は衰えを公言して他者を頼っていた。補償では他者の助けを得ることが重要な方略だったが、まさにそれに該当している。しかし実際は、手術室看護師は衰えを公言することに葛藤がある。今まではむしろ若い後輩を指導する立場だったのだから、自分が衰えていること、さらに頼る必要があることを認めるのは、簡単ではない。しかし、こうした葛藤を乗り越えるからこそ、新しい境地に達することができるのだろう。

　もちろんＳＯＣ理論を駆使したから、すぐに幸せな状態になるわけではない。たとえば選択により介助する術式を厳選した結果、仕事をえり好みする働かない人などという陰口をたたかれることもあるそうだ。しかしそうした様々な出来事を乗り越えていくと、衰えているからこそ後輩とのコミュニケーションが変わり、また別の立場でチームに貢献できるようになる。さらに衰えを経験したからこそ、その経験を活かした深いケアを患者に実施できるようになる。その結果、衰えたからこその成長を実感し、患者からの感謝が今までよりも嬉しくなり、自分の存在意義を実感できるようになるという。

つまりSOC理論の実践は、衰えを自覚し、それと共存することによる成長と幸せにつながっていくのだ。この論文を読んだ教員には、研究者になるまで長く公務員として現場で働いていた人がいた。その教員は、まさに自分の葛藤、苦悩、そしてそれを乗り越える状況が示されていると感じ、しみじみとした感動を覚えたそうだ。

自己調整の重要さ

手術室看護師の例では、SOC理論の実践によって、衰えを自覚するからこそその幸福に至る道筋がわかりやすく示されていた。その際に重要なことは、状況が変わることに関する自己調整だろう。手術室看護師の例にあるように、自身の衰えを認めるのは簡単なことではない。プライドもあるし、まだ自分はもっとできるはずだ、という思いもあるだろう。しかし衰えを認め、だからこそうまく共存していこうとすれば、新しい境地もひらけるはずだ。

自己調整に焦点をあてた研究として、当研究室で博士を修了したゼミ生の書籍（博士論文を書籍化したもの）がある[*47]。この書籍を執筆した岸田泰則さんは、ゼミでの議論の時に、自己調整の状況にあるシニアの気持ちを「サッカーで、今まではフォワードとして点を取ることに生きがいを感じていたのに、スタメンではなくベンチにいることになり、そこで適応しようと葛藤している状態」と表現していた。

フォワードであった自分を、ベンチにいる自分として受け入れることは簡単でないかもしれない。そこには、まだまだフォワードでやれるという自負もあるかもしれない。しかしそもそも自己調整するとは、ベンチとフォワードそれぞれに対する視点を変えることではないだろうか。

たとえばベンチには、控え選手、サポートスタッフ、コーチ、監督など、様々な役割がある。それぞれに意義はあるだろうし、その意義はひょっとするとフォワードよりも自分の価値観に近いかもしれない。あるいは、フォワードというものを狭く捉えすぎているという場合もあるだろう。その人にとって、フォワードとは高い給与、昇進だけを意味するかもしれない。それこそ、マッチョイズムに囚われたフォワード観ということになるだろう。たとえば昇進はしなくても、高い専門性を追求できる仕事をすることも、フォワードと捉えなおすことはあり得るのではないだろうか。

こうした意味で自己調整とは、自分にとってのフォワード観、ベンチ観を捉えなおすこともいえるだろう。では、自己調整の研究内容を見ていこう。この書籍の研究では、特に大企業11社の定年再雇用者15名に対するインタビュー調査に自己調整の状況がわかりやすく示されている[*48]。

　そこでわかったことは、自己調整とは常に二律背反の感情を抱き続けることだった。定年再雇用になった時点では、自分はまだまだできると思いながら、転職は難しいと感じる。そして肩書を喪失したことに未練を感じているが、責任が軽くなったことに安堵もしている。実際に定年再雇用の仕事が始まると次のように感じる。自分の仕事の蓄積に自負があり経験やスキルを業務に活かすこともできるが、上司や現役世代に遠慮を感じてやりすぎてはいけないと自分を抑制する。その結果、定年再雇用後の新しい仕事にやりがいを感じる場合もあるが、職場には深入りせず、家庭生活や地域生活の比重を増やすことを心がけるようになっていく。

　このように定年再雇用者の自己調整とは、二律背反する感情を抱き続けながら、徐々に自分が現役世代とは違う立場に置かれたことを認め、それを受け入れ、新しい役割に従事する自分を肯定できるようになることだった。その結果、定年再雇用者たちは、寂しい気持ちや喪失感を抱えながらも、職場の人間関係に距離を置くことができ、業務責任も軽くなり、気持ちを楽にして仕事を進めることができていた。

実は筆者は、この定年再雇用者の自己調整には、企業側の問題があると思っている。この点は詳しくは第5章で述べたい。60歳という一律の年齢の区切りを過ぎただけで、定年再雇用者の能力が一律に衰えるわけではない。それなのに企業は、必要以上に定年再雇用者の業務内容を低下させてしまうという課題があると筆者は考える。

その課題があるとしても、同時に自己調整には意義がある。仮に企業がもっと定年再雇用者の能力にふさわしい仕事を用意したとしても、いつまでも現役世代と同じことを続けていけるわけではない。一番異なるのは、地位、役職、肩書、指揮命令の権限である。定年再雇用者が、専門性の高い業務を個人として継続することは十分あり得るだろう。しかしそれは、フラットな立場としての一個人で行うことになる。役職者や管理職としての肩書を持って、チームメンバーに指揮命令するわけではない。そうした役割は、現役世代に担当してもらうことになっていく。いわば、高い給与、昇進というマッチョイズムだけに固執することに関する自己調整ということにもなろう。

しかし、それはサードエイジにふさわしい自己調整ともいえる。その自己調整によって、定年再雇用者は今までよりも家庭生活や地域生活の比重を増やしていた。仕事以外の生活に重点を置くことは、セカンドエイジとは違う人生の意義を見つけるきっかけになる可能性があろう。

ＳＳＴとＳＯＣ理論の共通性

ここまでで述べてきたことを踏まえると、ＳＳＴとＳＯＣ理論に共通性があると感じた読者は多いかもしれない。ＳＳＴでは、自分にとって意義ある目的と親密な人との交流を重視する。ＳＯＣ理論では選択によって目的を特定し、その目的を最適化するための工夫を行い、その際に自分ができないことについては補償していく。このようにＳＳＴもＳＯＣ理論も、新しく目的を捉えなおすことが出発点であることで共通している。一言でいえば、シニアが自分にとっての目的をうまく再創造することこそ、幸福感につながる鍵になるということになる。

さらに、ＳＳＴもＳＯＣ理論も仕事の成果にもつながる。両理論をよく知って実践しているシニアは少ないだろう。多くのシニアは、理論を知らなくても実践できている。実際、両理論を知らなくてもシニアがそれらを実践することで、シニアの仕事の成果は高いまま維持されていくと主張する研究もある[*49]。

知らなくても実践はできる。ただ、理論を知っていれば、さらに効果的に実践できる可能性がある。SSTとSOC理論を知り、それを組織と個人がよりうまく活用することは意義深い。このようにSSTとSOC理論は働き方思考法の中核と位置づけることができる。そして、その際は定年前と定年後を連続的に捉えることが望ましい。

手術室看護師と定年再雇用者は、同じ組織で働き続ける際の例だった。そうした場合、両理論は有効である。ただし、定年後に転職をする、フリーランスになるなど、働き方が変わる場合にも両理論は有効である。そしてその時も、定年前と定年後を連続的に捉え、定年前から準備を積めばスムーズだ。この点について、詳しくは第6章で述べたい。

本章をまとめると、以下が要点となる。

・シニアの心理適応に関する代表的な理論は、離脱理論、活動理論、継続性理論の3つ。
・3つの理論はSSTとSOC理論への発展につながった。
・SSTとは、シニアが自分にとって意義ある目的と親密な人との交流を重視するという理論。

・ＳＳＴはサードエイジをうまく説明する理論。
・ＳＳＴにおいては、マッチョイズムの囚われを脱することが重要。
・ＳＯＣ理論では選択によって目的を特定し、その目的を最適化するための工夫を行い、その際に自分ができないことについては補償していく。
・両理論が、シニアの幸福感が高まるというエイジング・パラドックスの説明になる。
・両理論は働き方思考法の中核と位置づけることができ、その際は定年前と定年後を連続的に捉えることが望ましい。

第4章

主体的な職務開発のための考え方

——ジョブ・クラフティング

前章では、働き方思考法の中核としてＳＳＴとＳＯＣ理論を位置づけ、同時に定年前と定年後を連続的に捉えることが望ましいと説明した。ただ、どちらかというと、前章の説明では「目的の絞り込み」という印象が強かったかもしれない。たしかにシニアにとって、衰えを自覚し、自己調整することは重要だ。その時に、今までよりも目的を絞り込み、衰えとうまく共存することは忘れてはならない要素だ。

ただ、同時に新しい挑戦をしていくことも必要だ。サードエイジの例の伊能忠敬を思い出してほしい。伊能忠敬は商人という生き方を変えた。そしてもともと興味のあった暦学を勉強し、測量を行い、日本地図を作成した。暦学や測量は、目的の絞り込みというよりも、新しい目的の設定である。ＳＳＴとＳＯＣ理論は、目的を絞り込むだけでなく、新しく設定するという考え方にも対応している。

そこで本章では、新しく目的を設定する際に参考となる、ジョブ・クラフティングという考え方を紹介する。ジョブ・クラフティングとＳＳＴおよびＳＯＣ理論を組み合わせることは、シニアの働き方思考法にとって、意義あることといえるだろう。

ジョブ・クラフティングとは何か

ジョブ・クラフティングとは、２００１年に組織行動学を専門とするエイミー・レズネフスキーらが提唱した、比較的新しい考え方である。[*50] ジョブ・クラフティングには様々な定義があるが、筆者が一番気に入っているのは「従業員が、自分にとって個人的に意義のあるやり方で、職務設計を再定義し再創造するプロセス」[*51] という定義だ。つまり、一言でいえばジョブ・クラフティングとは、個人が主体的に職務を再創造することを意味する。

個人が職務を再創造することにどういう意味があるのか。**図表４‐１**（次ページ）をご覧いただきたい。これまでの考え方では、職務設計（ジョブ・デザイン）とは組織側が行うものだった。つまり、組織や上司がトップダウンで個人に割り当てる職務を決定し、それを画一的に個人に与えていくことになる。

ジョブ・クラフティングの特徴は、個人がボトムアップで主体的に職務を再創造（クラフト）する。その際、個人は自分の情熱・動機・強みに沿った形で職務を再創造する。そのことが、定義で「自分にとって個人的に意義のあるやり方」と表現されているのだ。

このジョブ・クラフティングの特徴は、ＳＳＴやＳＯＣ理論と組み合わせると、さらに効

図表 4 - 1　職務設計（ジョブ・デザイン）vs ジョブ・クラフティング

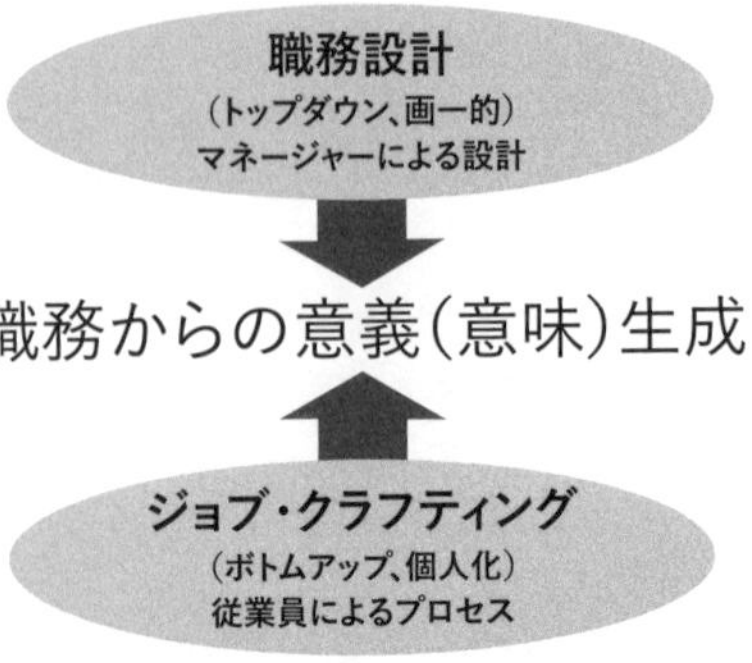

出所）Berg, J. M., Dutton, J. E., & Wrzesniewski, A. (2013). Job crafting and meaningful work, *Purpose and meaning in the workplace*, Washington: American Psychological Association, Washington, 81-104, p85, Figure4.1より抜粋

果を発揮する。ジョブ・クラフティングでは、個人が自分にとって意義のあるやり方で、職務を再創造する。ＳＳＴとＳＯＣ理論では、個人が自分にとって意義ある目的を追求していく。つまり、ＳＳＴとＳＯＣ理論では、個人が自分にとって意義ある目的を設定することに主眼がある。ジョブ・クラフティングでは、その意義ある目的に基づき、職務を再創造するプロセスに主眼がある。ＳＳＴとＳＯＣ理論を実践する際の方略がジョブ・クラフティングである、と言っても言い過ぎではないだろう。

　では、ジョブ・クラフティングとは具体的にはどのようなものなのか。わかりやすくそれを示すために、東京ディズニーランド、テッセイ、羽田空港という3つの事例で説明していきたい。

ジョブ・クラフティングの事例1：東京ディズニーランド

東京ディズニーランドの事例は、武蔵大学の森永雄太教授がジョブ・クラフティングと位置づけた。詳しくは『ディズニーの教え方』という書籍の中で紹介されている。[*52]

東京ディズニーランドにはキャストと呼ばれる、パークで働く人々の職種がある。その中のひとつが、カストーディアルという職種である。

かつてカストーディアルは不人気な職種だった。カストーディアルはパークを清潔に管理することが役割の職種である。カストーディアルに配属された人は、パークできらびやかに見える他のキャストの職種ではなく、なぜ自分は清掃担当なのだ、と悲しんだり失望したりしたという。

東京ディズニーランドの運営側は、こうした状況に問題意識をもった。そこで、上司や先輩がカストーディアルの担当者に、カストーディアルの仕事は清掃に限定されていず、むしろパークの清潔な管理とゲストの保護である、と根気強く説明したそうだ。その意味するところは、担当者にカストーディアルの仕事の本質的な意味を狭く解釈せず、もっと幅広く理解してほしいということだろう。

　この運営側の努力は実を結んだようだった。その後に起こったことは、カストーディアル一人ひとりの仕事の意味づけが、ただ目の前の清掃業務をするという狭い範囲のものから、より全体的で有機的なものへと変わったということだった。それはパーク全体のことを考えることであるし、ゲストのために尽くすことでもある。

　仕事の意味づけが変わった結果、運営側に言われたからということではなく、カストーディアル一人ひとりが、自発的に業務の工夫をするようになった。たとえば、落ち葉でミッキーの顔を描く、ぬらした箒でミッキーの顔を描く、など清掃とゲストを楽しませることを結びつける工夫を行ったのである。この仕事の意味づけの変化とゲストを楽しませる工夫こそ、ジョブ・クラフティングの好事例である。こうした仕事の再創造の結果、カストーディアルは人気職種へと変貌したそうだ。

ジョブ・クラフティングの事例２：テッセイ

次に紹介するのは、ＣＮＮで「7分間の奇跡」として紹介もされた、ＪＲ東日本の関係会社であるテッセイの事例である。この事例は『奇跡の職場』という書籍の中で詳しく紹介されており、[*53] 筆者はジョブ・クラフティングによくあてはまるものだと考えている。

新幹線のホームで、テッセイの社員の仕事ぶりを見かけた読者も多いのではないだろうか。テッセイの主な業務は、東北新幹線や上越新幹線が到着駅で折り返す際の清掃である。新幹線の定時運行を担保するために、重要な仕事である。手際よく正確な短時間の清掃が求められる。しかしカストーディアルの事例と同じく、以前のテッセイの社員の業務への動機づけは、それほど高いものではなかったそうだ。とにかく、言われた範囲の清掃を淡々とするという姿勢に終始していたそうだ。

このテッセイの状況に変革をもたらしたのは、『奇跡の職場』の著者である、ＪＲ東日本から取締役として同社に赴任してきた矢部輝夫氏である。テッセイの社員の仕事ぶりに問題意識を持った矢部氏が取り組んだことは、やはり仕事の意味づけの変更だった。カストーディアルの事例と同様に、社員一人ひとりの仕事の意味づけが、目の前の清掃業務をするという狭い範囲のものから、より全体的で有機的ものへと変わるように取り組んだのである。

具体的には、テッセイの業務を「トータルサービス」と位置づけた。目の前の清掃業務を淡々とこなすのではなく。お客様におもてなしをする重要な業務という位置づけだ。さらにそれをわかりやすくした表現が「わくわくドキドキ新幹線劇場」である。テッセイの職場は目の前の清掃業務を淡々とこなす場ではなく、「わくわくドキドキ」と仕事を楽しむ場であるというメッセージを打ち出したのである。

この後に生じたことも、カストーディアルの事例と共通している。会社側に言われたからということではなく、社員一人ひとりが、自発的に業務の工夫をするようになったのである。具体的には、テッセイの業務に関する、様々な改善のアイディア提案が行われるようになったのだ。たとえば、決められた制服のほかに、夏は浴衣やアロハシャツを着ることである。浴衣やアロハシャツを着ることでお客様に季節を感じて楽しんでもらえる。また社員にとっては「わくわくドキドキ」を実感することができる。さらに社員たちは、お客様の意見に注意深く耳を傾けるようになった。その結果、駅のトイレに隣接した「ベビー休憩室」をつくり、休憩室をカラフルな折り紙で飾り付けるなどの改善が実現した。

テッセイの事例も、仕事の意味づけが全体的で有機的なものへと変化し、社員が自発的にお客様をおもてなしする工夫を行っているという点で、ジョブ・クラフティングにあてはまると考えられる。

ジョブ・クラフティングの事例3：羽田空港

3番目に紹介するのは、羽田空港で働く新津春子氏の事例である。詳細は『世界一清潔な空港の清掃人』という書籍に紹介されている。[*54] 新津氏はNHKの『プロフェッショナル 仕事の流儀』など様々なテレビ番組でも紹介されている。カストーディアルとテッセイの事例では、最初に運営側や会社側による取り組みがあった。新津氏の事例は、それに比べて個人が起点になっているところが特徴である。

羽田空港は、英国SKYTRAX社のランキングで、2022年に世界一清潔な空港として選出された。世界一と評価されたのは7年連続である。[*55] 新津氏は、この羽田空港の清潔さの立役者として有名である。

新津氏は、羽田空港を担当する清掃のプロとして知られる。何種類もの洗剤、薬品、電動ポリッシャー、スチームクリーナー、高圧洗浄機を場面毎に使い分けるそうだ。ここまで新津氏が清掃業務を工夫するのはなぜか。それはやはり新津氏が、業務を単に目の前の清掃だとは思っていないからだった。新津氏は部下に対して、清掃する時は空港を自分の家だと思うように、と指導しているそうだ。またある時は、空港で親をすり抜けて床をはいはいする赤ちゃんを見かけたそうだ。その時には、それまで使用していたモップでは雑菌があると考え、赤ちゃんが床をはいはいしても大丈夫なほどに清掃方法を見直したそうだ。

やはりここでも、仕事の意味づけが重要な役割を果たしていると考えられる。新津氏にとって清掃とは、空港を自分の家のように清潔に保つことであり、赤ちゃんまで含めたお客様に快適に過ごしてもらうことを目的とする仕事なのだ。ここまでこだわって清掃するプロがいるからこそ、羽田空港は世界一清潔な空港として評価されるのだろう。

この事例では、もうひとつ注目する点がある。それは新津氏が清掃を工夫する理由に、自己の成長の喜びがあることだ。書籍の中で新津氏は、仕事をひとつひとつ覚えていくことが純粋に楽しいと語っている。適切な清掃技術は、時代や床材の変化でも変わる。それに対して、自分なりの安全な手順、工夫を考え、課題をクリアしていくことが楽しいというのだ。

カストーディアルとテッセイの事例にあるように、仕事の意味づけが全体的で有機的なものへと変化することは、ジョブ・クラフティングの重要な要素である。同時に個人としての成長も、ジョブ・クラフティングの仕事の意味づけにおける重要な要素である。

新津氏の場合、清掃という仕事を全体的で有機的なものであり、かつ個人の成長に資するものと捉えている点で、ジョブ・クラフティングの好事例といえよう。

ジョブ・クラフティングの３要素

レズネフスキーらはジョブ・クラフティングを提唱した時、その中には３つの要素があるとした。[*56] タスククラフティング、認知クラフティング、関係クラフティングの３つである。

タスククラフティングとは、具体的に業務（タスク）を再創造することだ。カストーディアルの事例では、落ち葉でミッキーの顔を描く、ぬらした箒でミッキーの顔を描く、などの工夫があてはまる。テッセイの事例では、浴衣やアロハシャツを着るという提案、駅のトイレに隣接した「ベビー休憩室」をつくるという提案があてはまる。新津氏の事例では、何種類もの洗剤、薬品、電動ポリッシャー、スチームクリーナー、高圧洗浄機を駆使して清掃する工夫があてはまる。

認知クラフティングとは、あらたに仕事の意味づけを再創造することを意味する。これは、認知の枠組み変更（リフレーミング）と呼ぶこともできる。カストーディアルの事例では、仕事の意味がパークの清潔な管理とゲストの保護に変わったことがあてはまる。テッセイの事例では、仕事の意味が「トータルサービス」と「わくわくドキドキ新幹線劇場」に変わったことがあてはまる。新津氏の事例では、仕事の意味について、空港を自分の家のように清潔に保ちたい、お客様に快適に過ごしてもらいたい、と考えることがあてはまる。

関係クラフティングとは、仕事上で接する人々との関係性が変わることを意味する。カストーディアルの事例では、ゲストの保護という仕事の意味づけを重視した結果、ゲストとの関わり方が変わった。カストーディアルが目の前の清掃をしているだけだったら、ゲストとの親密な関わりは生じなかっただろう。しかし今やカストーディアルの仕事では、ゲストを楽しませるという関わりの比重が大きくなっている。テッセイの事例でも、お客様との関わり方が変わっている。社員が言われた清掃業務を淡々とこなしている時は、お客様との関わりは少なかった。しかし、「トータルサービス」と「わくわくドキドキ新幹線劇場」という仕事の意味を重視するようになってからは、積極的にお客様の要望に耳を傾けるなど、関わり方は大きく変わったのであった。

タスククラフティング、認知クラフティング、関係クラフティングという3つの要素は、それぞれがばらばらなものではない。３つの事例からもわかるように、３つの要素が密接に関連し結びつくことで、それ全体がジョブ・クラフティングとして発生することになる。

またジョブ・クラフティングとＳＯＣ理論の関連性が高いこともご理解いただけるのではないかと思う。ＳＯＣ理論の選択における目的の変更は、認知クラフティングでもある。最適化における時間の割当は、タスククラフティングでもある。補償における成功している他者の模倣と他者の助けを得ることは、関係クラフティングでもある。このように、ジョブ・クラフティングとＳＯＣ理論を関連づけて考えると、シニアの働き方思考法に応用しやすくなるだろう。

仕事の意味づけ

仕事の意味づけの再創造とは、認知クラフティングであると説明した。３つの事例からもわかるように、ジョブ・クラフティングが生じるきっかけは、仕事の意味づけになるだろう。レズネフスキーらは、仕事の意味づけの変化（認知のリフレーミング）がどのように生じるか、詳しく説明している。**図表4-2**（次ページ）をご覧いただきたい。

図表4-2　仕事の意味づけの変化（認知のリフレーミング）

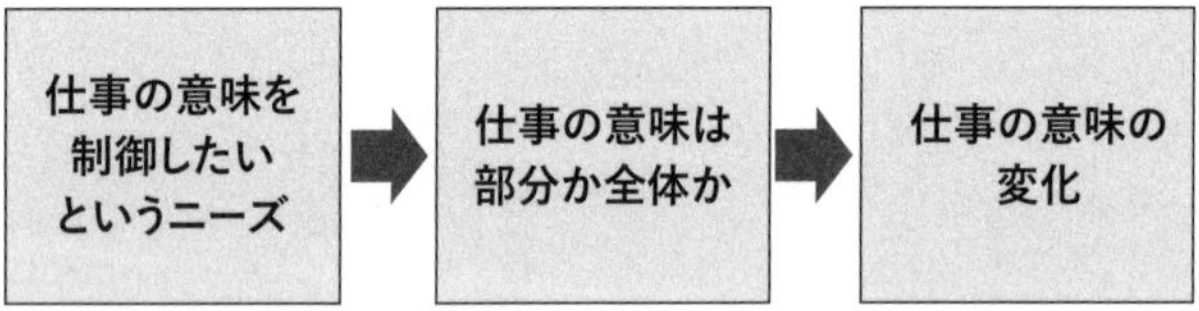

出所）Wrzesniewski, A., & Dutton, J. E. (2001). Crafting a job: Revisioning employees as active crafters of their work. *Academy of management review*, 26(2), 179-201, p.182, Figure1より筆者が抜粋して翻訳

第1段階として、働く個人の心には、誰しもが仕事の意味を考え、それによって仕事を制御したいという欲求が存在する。第2段階としては、個人は、仕事の意味づけが、目の前にあることを淡々とこなす部分的なものか、もっと全体的で有機的なものか、と考えていく。そして第3段階として、仕事の意味を全体的で有機的なものとして考えていくのである。

この3段階のプロセスは3つの事例によくあてはまる。3つの事例とも、働く個人は仕事の意味がほしいという気持ちを持っていたのだろう。しかしカストーディアルとテッセイの社員にとっての仕事の意味は、当初は目の前にあることを淡々とこなすことでしかなかった。しかし運営側や会社側の働きかけにより、第2段階における仕事の意味の検討（部分か全体か）が発生した。そして第3段階として、カストーディアルではパークの清潔な管理とゲストの保護、テッセイでは「トータルサービス」と「わくわくドキドキ新幹線劇場」という、全体的で有機的な仕事の意味づけが生じたのである。新津氏の事例は、会社側の働きかけというより、おそらく個人として３段階のプロセスが進んでいったのだと推測できる。こうしたプロセスを経て、個人の仕事の意味は社会や個人にとって全体的で有機的なものへと拡張され、仕事を再創造できるようになっていくのである。

レンガ職人と石工

個人にとって、仕事の意味は部分か全体かという話に関して、レンガ職人のエピソードを思い出した読者もいるのではないだろうか。レンガ職人のエピソードとは、広くネット上に流布している（詳しくは後で述べる）。

このエピソードの概要は次のとおりだ。旅人が３人のレンガ職人に会う。そして、それぞれのレンガ職人は、旅人に仕事をする（レンガを積んでいる）理由を述べる。１人目は、ただやむなく目の前のレンガを積んでいるだけで、それ以上の理由はない。２人目は、家族を養いお金を得るためにレンガを積んでいる。３人目は歴史に残る大聖堂をつくるためにレンガを積んでいる。1人目と2人目のレンガ職人は、やむを得ず、しぶしぶレンガを積んでいる。しかし3人目のレンガ職人には大聖堂という夢があるので、いきいきとレンガを積んでいる。できるなら、3人目のレンガ職人のように働こうというエピソードだ。これはたしかに、仕事の意味でいえば、1人目と2人目のレンガ職人は部分的であり、3人目のレンガ職人は全体的ということになろう。

興味深いことに、マネジメントの父と呼ばれるピーター・F・ドラッカーも類似のエピソードを紹介している。[*57] これは3人の石工の話である。3人の石工が何のために仕事をしているのか、質問される。1人目は暮らしのため、2人目は石切りとしての最高の仕事のため、そして3人目は教会を建てるため、と答える。日本のネット上で流布されるレンガ職人の話と比べると微妙に内容が異なることがわかる。ドラッカーは、石工の話の出典を説明していない。しかし3人目については、目的は大聖堂と教会なので、ほぼ一致している。全体の話も類似している。レンガ職人と石工のもともとの情報源は同じものだと推測できる。

石工の話では、2人目は石切りとして最高の仕事をしているが、この内容はレンガ職人には出てこない。そうなると、レンガ職人と石工の話には4種類の仕事の意味が存在するのではないだろうか。第1は「目の前のことだけをする」（1人目のレンガ職人）。第2は「収入」

（1人目のレンガ職人と2人目の石工）。第3は「自己の成長と専門性の追求」（2人目の石工）。第4は「全体性」（3人目のレンガ職人と3人目の石工）。

やはり、ドラッカーも第4の仕事の意味である「全体性」については高く評価している。問題は第3の仕事の意味である「自己の成長と専門性の追求」だ。ドラッカーは専門性の重要性を認めながらも、それを単独で追求することには落とし穴があるという。自己満足に陥り、組織のニーズと乖離し、貢献できなくなる可能性があるからだ。ドラッカーによれば、「自己の成長と専門性の追求」と「全体性」の両方が結びつくことに意義があるという。

筆者としては、「目の前のことだけをする」は、ジョブ・クラフティングにも幸福感にもつながりにくいと思う。それに対して、「収入」「自己の成長と専門性の追求」「全体性」は3つとも幸福感につながる要素だろう。だから3つとも存在することが理想的だと考える。そのうえで、特に「自己の成長と専門性の追求」と「全体性」の両方が結びつくことは、ジョブ・クラフティングの実現に必要だと考える。

新津氏の事例がこれにあてはまる。新津氏が清掃を工夫する理由に、自己の成長の喜びがあった。同時に空港を自分の家のように考え、赤ちゃんまで含めてお客様に快適に過ごしてもらうことを目的にしていた。このように「自己の成長と専門性の追求」と「全体性」が結びつく時こそ、ジョブ・クラフティングがもっとも生じやすくなるのではないだろうか。ドラッカーの評価は低いが、石切りとしての最高の仕事を目指す２人目の石工は、意義ある存在ではないだろうか。特に日本の組織は、個人よりも集団の調和が強調される場合がある。そのため、筆者は２人目の石工の価値を軽んじてはならないと考える。

レンガ職人と石工の出典の謎

ところで、レンガ職人と石工の出典は謎である。とりわけレンガ職人の話は、日本ではネット上で流布され、多くの場合、出典はイソップ寓話とされている。しかし、レンガ職人の話がイソップ童話である根拠はなく、どうやら都市伝説であるようだ。

このレンガ職人と石工の出典の謎をもっとも多角的に検証しているのは、２０２２年４月に掲載された毎日新聞の記事[*58]である。この記事では、イソップ寓話の研究者に真偽を確かめている。イソップは紀元前６００年頃の人物とされ、不明な点も多い。ただ、レンガ職人の話がイソップ寓話である可能性は極めて低いという。さらに記者が出典を調べていくと、英語圏ではレンガ職人の話はイソップ寓話ではなく、１６６６年のロンドン大火のエピソードとして広まっているという。ロンドン大火でセントポール大聖堂を再建したクリストファー・レンが３人のレンガ職人に仕事の意味を質問したエピソードである。しかし西洋史学の研究者によれば、クリストファー・レンに関する確たる出典もないという。記事では、レンガ職人の出典は不明であるという結論になっている。

そこで、筆者も英語圏のレンガ職人のブログを調べてみた。たとえばあるブログでは、次のように紹介されている。[*59] このエピソードは１６６６年のロンドン大火をきっかけとする。１６７１年のある日、セントポール大聖堂の再建を担当したクリストファー・レンは、３人のレンガ職人に、何をしているのか質問したそうだ。１人目は「家族を養っている」、２人目は「壁をつくっている」、３人目は「大聖堂をつくっている」と答えたそうだ。

このエピソードは、ドラッカーの石工とほぼ同じであるようだ（２人目の壁をつくっているという回答が、ドラッカーの石工では最高の石切りになっているところだけ異なる）。おそらく、ドラッカーの石工は、英語圏のクリストファー・レンのエピソードが下敷きであるだろう。そしてこのブログでも、英語圏でのレンガ職人のエピソードには多くのバージョンがあると説明していた。つまり、英語圏でもクリストファー・レンのエピソードとしてレンガ職人の話は流布されていて、その明確な出典ははっきりしていないということだろう。ここまでの話をまとめてみても、レンガ職人と石工の出典は謎のままだ。英語圏のクリストファー・レンのエピソードが出典としては有力で、それがなぜか日本ではイソップ寓話として語り継がれたと推測はできる。しかし、これもあくまで推測にすぎない。

筆者は、レンガ職人の出典は謎のままでもいいと思う。むしろ重要なことは、レンガ職人の話には、多くの人が時代を超えて語り継ぎたくなる要素が含まれている、ということだ。そしてその要素とは、仕事には大聖堂をつくるというような意味がほしいという人々の願いに訴求する内容である、ということだろう。

ジョブ・クラフティングの職場での実践方法

ところで3つのジョブ・クラフティングの事例は、清掃の職種ということで共通していた。読者の中には、ジョブ・クラフティングは一部の職種に限定されるものではないか、という疑問を持たれた方がいるかもしれない。たしかに清掃という職種の事例では、仕事の意味づけの変化のプロセスがわかりやすい。

しかし、実際にはジョブ・クラフティングは幅広い職種で応用できる考え方だ。その応用方法を、レズネフスキーらが紹介している、ジョブ・クラフティングの実践事例で考えていこう。それは、多国籍食品企業のマーケティング部門のマネージャーの事例である。[*60] 事例のマネージャーは、花形であるマーケティング部門に在籍しながらも、仕事をマンネリに感じ、やる気は起こらず行き詰まっていた。そこで、ジョブ・クラフティングの手法を試してみることになった。

まず行うことは、現状の自分の仕事を可視化することである。この段階では、付箋などに、自分の単位業務を書き出していく。その際には、どれだけその単位業務に時間をかけているかによって付箋の大きさを変えていくなどの工夫をし、一目で業務の全容がわかるように心がける。

次に行うことは、自分の仕事上の情熱・動機・強みを洗い出すことだ。情熱・動機・強みは似ていることで、区別しにくいように見えるかもしれない。しかし、この3つを別々に言語化してみることにこそ、意義がある。情熱とは、自分が仕事を進めるうえで、もっとも注力して行う業務内容である。動機とは、その仕事をやると楽しく、自然にもっとやりたくなってしまう業務内容である。強みとは、自分の得意分野であり、仕事の上の武器になる業務内容である。しっかり洗い出すために、筆者はジョブ・クラフティングのワークショップを

図表4-3　仕事上の情熱・動機・強みの洗い出しシート

【情熱・動機・強み】

仕事を進めるうえで、情熱を感じることはなんでしょう

仕事を進めるうえで、自分の動機になることはなんでしょう

仕事上の自分の強みはなんでしょう

出所）Wrzesniewski, A., Berg, J. M., & Dutton, J. E. (2010). Turn the job you have into the job you want. *Harvard Business Review*, 88(6), 114-117.に基づき筆者作成

企業などで実施する際は、**図表4-3**のようなワークシートに情熱・動機・強みを書き出してもらうようにしている。

情熱・動機・強みの洗い出しができたら、それらを最初に作成した現状の自分の単位業務と照らし合わせる。付箋に書き出した単位業務が、もし情熱・動機・強みのいずれかに該当したら、それを書き込む（たとえば「情熱」に該当するなら、「情熱」と書き込む）。その作業を終えたら、現状の自分の業務が、どれだけ情熱・動機・強みを反映しているのか、じっくり眺めて振り返ってみる。

こうして自分の現在の状況を把握できたら、次はいよいよジョブ・クラフティングのための計画作成である。付箋を参考に、自分の仕

事の全体の枠組みを再構成するのだ。たとえば、情熱・動機・強みに該当していない単位業務は、効率化して縮小できないか、他者へ譲れないかなどを検討する。情熱・動機・強みに該当する単位業務はもっと質や量を増やせないか、などを検討する。現在は行っていない情熱・動機・強みに該当する単位業務を追加できないか、などを検討する。その際は、それらの変更に他者の協力を得ることをできるかについても、考えてみる。こうした一連の検討を行うと、情熱・動機・強みを踏まえたジョブ・クラフティングの計画ができる。

計画ができたら、いよいよそれを実際に実行してみる。ここまでの一連の手順を踏んでいけば、誰でもどんな職種でも、ジョブ・クラフティングは実行可能である。やはり、幅広い職種で応用できる考え方なのだ。

ジョブ・クラフティングをＳＳＴとＳＯＣ理論に組み合わせる：意義ある目的

筆者は、ジョブ・クラフティングは特に定年前と定年後の働き方に応用しやすいと考えている。それは、ＳＳＴとＳＯＣ理論に組み合わせることができるからだ。

まずＳＳＴとＳＯＣ理論では、個人が自分にとって意義ある目的を設定することが重要であった。しかし、意義ある目的を設定する方法論が詳しく説明されているわけではない。そこでジョブ・クラフティングの情熱・動機・強みによる方法論で、自分にとって意義ある目的を設定できれば、それをＳＳＴとＳＯＣ理論に展開することができる。

実はこの点にこそ、シニアの働き方思考法において乗り越えるべき大きな課題があると筆者は考える。シニアのキャリアに詳しい前川孝雄の著書に次のようなエピソードがある。[*61] 業績不振に陥った大手メーカーのシニア社員が、転職相談に来た。転職相談が目的であるから、当然、どんなことをやりたいか、という質問をされる。しかしそのシニア社員は、仕事とはやるべき義務であり、会社から与えられるものであり、やりたいことと転職相談に関係はないはずだ、と反論したそうである。

転職相談に来ているのに、やりたいことなど不要だと答えるシニア社員の姿には違和感を覚えてしまう。実際問題、それでは転職先を探す手がかりを得ることは難しい。しかし、このシニア社員の考え方を一概に否定することもできない。というのも、こうした考え方が生まれたのは、それまでシニア社員が責任感を持ち、まじめに仕事をしてきたからであろうからだ。勤務していた大手メーカーでは、会社がどのような仕事を与えようとも、それに反論することなく責任感を持って業務遂行することが求められたのだろう。そして、それこそが美徳であったのだろう。このシニア社員の姿勢は、真摯に会社の期待に応えようとしたものだといえる。

この姿勢は、とにかく人生に努力を傾注しようとするセカンドエイジに対応したものだろう。しかしだからこそ、サードエイジを充実して過ごすためには、「やりたいこと＝意義ある目的＝情熱・動機・強み」を大事にする姿勢に転換できることが望ましい。ところが、今までは「やるべきこと」こそ仕事の美徳であると信じてきたのだから、その意識転換は簡単ではないだろう。

筆者は企業で、シニア社員を対象に、「情熱・動機・強み」を洗い出すワークをやることがある。その際、企業側の事務局が、このワークに懐疑的なことがある。実際、筆者は企業側の事務局から「うちの社員に、仕事上の情熱を聞いても、何も答えられないと思いますよ」と言われたことがある。筆者は驚き「なぜそう思うのですか」と尋ねた。その答えは、「だって、今まで、皆、やれと言われたことをまじめにやってきたのだから」というものだった。

どの企業でも、たしかにワークの最初では、参加者たちに戸惑いはある。しかしグループワークなどを通じ、お互いに質問などして考えを深めていくと、ほとんどの参加者が「情熱・動機・強み」を楽しそうに洗い出していけることが実態だ。「やるべきこと」を仕事の美徳だと考えていた人たちにとっても、自分の「情熱・動機・強み」を考えることは楽しいことなのではないだろうか。だからこそ、レンガ職人の話が英語圏でも日本でも、脈々と語り継がれるのではないだろうか。

「やるべきこと」から「情熱・動機・強み」への意識転換は簡単ではない。しかし、不可能でもない。サードエイジを見据えた時に、まずはこの点を意識してはどうだろうか。

情熱・動機・強みをSSTとSOC理論に組み合わせる：業務への応用

情熱・動機・強みによって意義ある目的を設定できたら、次はそれを実際の業務へ応用していくことになる。その時に参考になることが、ＳＯＣ理論の最適化と補償だ。最適化では、うまく時間を配分し、新しいスキルと資源を習得し、成功している他者を模倣し、自己開発に自身を動機づけていく。補償では努力・時間の配分を増やし、未使用のスキルと資源を活性化し、補償につながるような成功をしている他者を模倣し、他者の助けを得る。

シニアが情熱・動機・強みに基づき、新しい業務に取り組もうとしても、手術室看護師の例のように、いきなりその業務にうまく対応できるとは限らない。しかし最適化と補償という方法論があると最初からわかっていれば、新しい業務への適応を効率的に進めることができるのではないだろうか。

周りが見えないジョブ・クラフター

ここで注意しなければいけないのは、「周りが見えないジョブ・クラフター」になってしまってはいけない、ということだ。実は最近、シニアこそジョブ・クラフティングが重要である、と認識を持つ企業が増えつつある。そのような企業では、役職定年や定年再雇用後の業務については、ジョブ・クラフティングによって本人から自分の職務を提案してもらうという取り組みを始めている。

しかしここで、提案の質に差がついてしまっている。所属する企業や職場などに必要とされる業務をジョブ・クラフティングして、周囲に喜ばれる人もいる。一方、情熱・動機・強みに基づきジョブ・クラフティングしたのはいいのだが、それが所属する企業や職場にとっては必要のない業務である場合がある。そして、結果的に周囲の職場の人たちに迷惑をかけいる。

てしまう。この状況に陥った人を、筆者は「周りが見えないジョブ・クラフター」と呼んでいる。

実は、このパターンが一番困ると、筆者は多くの企業の人事部門の方からお聞きしている。本人は情熱・動機・強みに基づきジョブ・クラフティングしているので、やる気まんまんである。そしてなぜか本人は、そのジョブ・クラフティングした業務が周囲の役に立つと思い込んでいる。周囲は周囲で「不要な業務をされても迷惑だが、実績ある先輩なので言いにくい」と、積極的にそれが不要な業務だと本人には言わない。そして周囲は「どうせあと数年のことだから」と、あきらめて放置してしまうのである。

どうしたら、このパターンを避けることができるのだろうか。レズネフスキーらは、情熱・動機・強みに基づくジョブ・クラフティングの実践方法の中で、組織の他の人々の価値に役立つという視点を重視すること、他者との信頼関係に基づき他者の協力を得ることの重要性を指摘している。[*62] つまり、「周りが見えないジョブ・クラフター」になってしまうのは、周囲の人の価値を考えるという視点が弱いのだ。

ここで、関係クラフティングを思い出していただきたい。関係クラフティングとは、仕事上で接する人々との関係性が変わることを意味する。またＳＯＣ理論では、最適化における他者の模倣と、補償における成功している他者の模倣と他者の助けを得ることが関係クラフティングだった。つまり、情熱・動機・強みに基づきジョブ・クラフティングを計画する時に、どのように成功している他者の模倣をしようか、他者の助けを得ようかなどと考えることが大事なのだ。他者をイメージすることは、周囲の人の価値を考えることにつながる。

ただし矛盾したことを指摘するようだが、周囲の人の価値だけを考えてしまうと、今度は自分にとってやりがいのない仕事になってしまう。周囲の人にとって価値がある「やるべきこと」こそ仕事の美徳ですよね、というシニア社員の反論そのものになってしまいかねない。結局、情熱・動機・強みに基づくジョブ・クラフティングにはバランス感覚が必要ということになる。つまり情熱・動機・強みが「自己の成長と専門性の追求」と「全体性」にどう結びつくか考えてみるのだ。「自己の成長と専門性の追求」からは、自分のやりたいことが見えてくる。「全体性」からは、周囲の人たちの価値が見え、関係クラフティングを考えることができる。このバランス感覚が醸成できれば、「周りが見えないジョブ・クラフター」になることはないだろう。

本章をまとめると、以下が要点となる。

・ジョブ・クラフティングとは、個人が主体的に職務を再創造すること。
・3つの理論はSSTとSOC理論への発展につながった。
・ジョブ・クラフティングの特徴は、SSTやSOC理論と組み合わせると、さらに効果を発揮する。
・ジョブ・クラフティングの3つの要素とは、タスククラフティング、認知クラフティング、関係クラフティング。
・レンガ職人のエピソードの「自己の成長と専門性の追求」と「全体性」が結びつくと、ジョブ・クラフティングが生じやすくなる。
・レンガ職人の出典は謎のままだが、多くの人が時代を超えて語り継ぎたくなる要素がある。
・情熱・動機・強みを考えることで、ジョブ・クラフティングは実践できる。
・「周りが見えないジョブ・クラフター」にならないように注意が必要。
・情熱・動機・強みが「自己の成長と専門性の追求」と「全体性」にどう結びつくかについて考えてみるバランス感覚が必要。

第5章

組織側のシニアへの取り組み

「はじめに」では、企業人事部門でのシニアへの典型的な見方を紹介した。いわく、「シニアは自身のキャリア開発について積極的ではない」「役職定年や定年再雇用後のシニアの動機づけに悩んでいる」「年上部下になったシニアのマネジメントが難しい」など、シニアの扱いを否定的に捉えた意見が多かった。

こうした一面的なシニアの見方こそ、本書で問題として論じたい点だ。せっかくシニアがジョブ・クラフティングをＳＳＴやＳＯＣ理論と組み合わせようとしても、組織側の理解がないと、それを実践していくことは難しい。そしてシニアへの否定的な見方を持つ組織は、シニアのジョブ・クラフティングに対する理解度が低いだろう。この点については、組織側に理解の向上を求めたいところだ。

もちろん、すべての組織がシニアへ否定的な見方を持つわけではない。それどころか、シニアがジョブ・クラフティングできる理想的な環境を整えている組織もある。それらの組織は、ジョブ・クラフティングなどが理論として提唱される以前から、それが実践できる環境を自然に実現していた。本章ではこれらの事例を紹介しながら、シニアの働き方と組織側の取り組みについて考えてみたい。

組織でエイジズムが生まれるメカニズム

第1章で福祉的雇用という言葉を紹介した。企業が社会的責任として、しぶしぶシニアを雇用していることを指す意味だった。この福祉的雇用が役職定年と定年再雇用と組み合わせられることによって、負の相乗効果が生まれてしまうことがある。

具体的には、次のようなメカニズムが考えられる。役職定年もしくは定年再雇用においては、その対象者の賃金を下げることが一般的である。実態としては、その対象者にはわざわざ仕事を変えてもらう必要はないのかもしれない。しかし、賃金を減額してしまったことによって、組織は対象者に難易度の低い仕事を担当してもらわなければいけないと考えてしまう。そこで、組織は無理やり難易度の低い仕事を作り出してしまう。しかしその難易度の低い仕事を担当する対象者の能力は、役職定年や定年再雇用の際に急に落ちるわけではない。ところが対象者は、難易度の低い仕事を割り当てられ、職場からも期待されていないことを悟ってしまうので、自己成就予言に陥ってしまう。やる気はなくなり、予言は成就し、低い成果につながっていく。

その様子を見た組織は、やはりシニアは扱いにくいと考える。そして「役職定年や定年再雇用後のシニアの動機づけに悩んでいる」という意見を持つようになる。その結果、シニアを現役世代と区別した福祉的雇用を継続してしまうわけだ。

実際、労働政策研究・研修機構は、このメカニズムと共通の要素が示唆される企業の取り組みの調査を実施している。[*63] 5891社の企業に調査をしたところ、定年制に関する施策は主として「60歳定年制＋仕事変化タイプ」（38・0％）、「60歳定年制＋仕事無変化タイプ」（26・1％）、「65歳定年制タイプ」（11・9％）に分類された。「60歳定年制＋仕事変化タイプ」とは、60歳で定年となったら、その後の定年再雇用では従来と異なる仕事を担当してもらうというタイプである。「60歳定年制＋仕事無変化タイプ」とは、60歳で定年となるが、その前後で担当する仕事は特に変化はしないというタイプである。「65歳定年制タイプ」とは、65歳で定年となるタイプである。

興味深いのは、タイプにより企業の考え方に異なる傾向があることだ。「60歳定年制＋仕事変化タイプ」の企業は、対象者を肉体的負担の少ない仕事に配置し、技能継承を重視し、人事評価は行わず賃金を決め、現役世代に配慮し賃金を下げる傾向がある。他方、「60歳定年制＋仕事無変化タイプ」と「65歳定年制タイプ」の企業の場合、対象者の仕事で技能継承は重視せず、仕事が同じなら賃金は下げるべきではないと考える。

技能継承を重視するとは、仕事の中心が若手への引き継ぎになるということだ。そうであれば、シニアが職場の中核となる第一線の仕事をすることを、企業はさほど重要とみなしていないことになる。つまり賃金と仕事の内容は関連している。シニアの賃金を引き下げる企業は、仕事で技能継承を重視する。シニアの賃金を引き下げない企業は、仕事で技能継承は重視しない（第一線の仕事を重視する）。言われてみれば当たり前のことかもしれないが、賃金を引き下げなければいけないという組織の認識が、シニアを第一線の仕事から遠ざけ、ひいてはシニアを自己成就予言に追い込んでいるのかもしれない。

　この議論に関連して、前出の岸田泰則さんと筆者が共著で発表した論文では、企業がシニアに期待する能力は「現役世代の力になる能力」と「第一線で活躍する能力」の2種類に分類できることが示されている。[*64]「現役世代の力になる能力」は、まさに技能継承に近い。本書では、「第一線で活躍する能力」がジョブ・クラフティングにつながりやすいと考え、シニアの働き方思考の中で目指していくべきものと考える。

　もちろん第一線の仕事を重視し、シニアの賃金を引き下げないという判断をすることは、その組織の総額人件費増加につながるので、簡単でないことは理解できる。しかし同時にその判断は、シニアの自己成就予言につながり、結果として組織側のシニアへのエイジズムを生み、それが福祉的雇用の維持につながるという悪循環があることも否定できない。

たそがれ研修

組織側のシニアへのエイジズムの悪影響を端的に示す例が、たそがれ研修だ。たそがれ研修とは、主に50代の社員に向けて、今後のキャリアを考えてもらうために組織が実施する研修の通称である。組織側はキャリア研修という名称で実施するのだが、研修の通知を受け取った社員は「とうとう自分にも、たそがれ研修の通知がきた」と嘆息するという噂が流布している。

たそがれ研修に関しては、組織側が良からぬ意図をもって実施するわけではないと思われる。むしろ組織としては、今後のシニアの参考にしてもらおうと、良かれと思って実施することが多いのではないか。しかしそこに、組織側の無意識のエイジズム（アンコンシャス・バイアス）が絡むと、意図と異なる悪影響が生じてしまう。

筆者の知り合いのキャリアコンサルタントの例を紹介しよう。その方は非常に熱心なキャリアコンサルタントで、またシニアのキャリアにも造詣が深く、優れたキャリア研修を実施している。ある日、有名な大企業に依頼され、50代社員向けのキャリア研修を行った。１日かかる研修だったが、受講者は熱心に参加し、手ごたえがあったそうだ。研修が終わる夕方には、明日からあらためて頑張ろうと意思表明し、前向きな姿勢になった受講者が多かったという。

いよいよ研修の終了時点、わざわざ社長が締めの挨拶に来たそうだ。社員の人数も多い大企業だから、これは素晴らしいことだと思う。シニアへのキャリア研修を社長は重視していたという姿勢の表れだろう。そこで社長は「１日の中では、その日の終わりを告げるたそがれ時が一番美しい。私は人生の中でも、人生の終盤である、たそがれ時が一番美しいと思う。たそがれ時を迎えたみなさんは、人生の中で素晴らしい時期にいると思う」という趣旨の挨拶をしたそうだ。それまで、明日から頑張ろうと明るい気持ちでいた受講者たちは、「やっぱり、これはたそがれ研修だったんだ」とやる気をなくしてしまったそうだ。

この社長が、50代社員向けのキャリア研修の通称が、たそがれ研修であると知っていたかどうかは、わからない。またこの社長は、受講者を励ます意味で、良かれと思ってこの挨拶をしたのだろう。だからこそ、一層問題だろう。社長は無意識のうちに、シニアとは終盤を迎える存在だと考えている。そこにはシニアとは、サードエイジを迎えて新しい活躍を始める存在という認識は低いだろう。そのため受講者たちには、「もう頑張らなくていいよ」というメッセージが強く伝わってしまった。これは、組織側の無意識のエイジズム（アンコンシャス・バイアス）による悪影響とみなすことができよう。

キャリア研修の内容自体にも、意図せざる悪影響があるかもしれない。筆者とパーソル総合研究所が、40代～60代のミドル・シニア２３００名に実施した調査[*65]では、マネープラン研修は、ミドル・シニアの活躍を阻害する影響があるという分析結果が出ていた。企業がミドル・シニアにマネープラン研修を実施する意図は、退職金、定年後の社会保険、年金の実態も理解したうえで、将来に向けたキャリアを考える参考にしてほしいということだろう。そのため、50代社員向けのキャリア研修の一部にマネープランが組み込まれる場合もあるだろう。

これは組織としては、社員に良かれと思って実施していることだ。ところが社員側が受け取るメッセージは違ったものになる。定年後の年金の状況や、その場合のマネープランのコツを綿密に伝達されることで「定年後のお金をしっかり考えろということは、組織は自分に働き手としては期待していないんだな。ここで働くことよりも、老後の生活設計を考えなければ」と考えてしまうかもしれない。そうなるとやる気がなくなり、低い成果へと自己成就することになりかねない。また、これが50代社員向けのキャリア研修が、たそがれ研修と呼ばれてしまうゆえんだろう。

組織としては、無意識のエイジズムの存在に気をつけるべきであろう。特にキャリア研修の設計については、意図が誤解されないように点検する必要があるだろう。たとえば従来のマネープラン研修は、退職金、定年後の社会保険、年金という会社を辞めた後のことに焦点をあてていた。しかし最近は、ＮＩＳＡ、ｉＤｅＣｏなどによる生涯資産形成に焦点をあてたマネープラン研修が登場しているそうだ。こうした内容の変化があると、社員側が受け取るメッセージは変わっていくと考えられる。

役職定年と定年再雇用が引き起こすエイジズム

第2章で述べたとおり、役職定年と定年再雇用の対象となるシニアの仕事への熱意は、一律で低かったわけではない。そこには個人差があることを説明した。また第3章で述べたとおり、定年再雇用によって、シニアに自己調整が生じていた。言い換えれば、シニアがサードエイジに適応して生きるためのきっかけになっていた。また、役職定年には、キャリア・

シフト・チェンジのきっかけとなり、シニアが自身を振り返る重要な機会になる効果が存在するという指摘がある。[*66] 役職定年にも、自己調整を促す特徴があると考えられる。

このように役職定年と定年再雇用という仕組みには、シニア個人にとって望ましい効果はある。ところが同時に、役職定年と定年再雇用によって引き起こされてしまう組織のエイジズムもあると考えられる。当研究室のゼミ生の近藤英明さんの修士論文[*67]では、このあたりの微妙な部分を、インタビューによってうまく描き出している。この研究では、役職定年と定年再雇用を経験したシニアを、それぞれ5名ずつインタビューしている。特徴的だったことは、シニアのワークモチベーション（仕事への動機・意欲）は、**図表5-1**のようなU字型をたどるパターンが多いことだ。役職定年や定年再雇用になり、当初は衝撃を受ける。その結果、やる気はなくなり、場合によってはメンタル（精神状態）の不調を引き起こし、U字型の底を這う時期が長く続くこともある。しかし、その状態に適応しようと試行錯誤する中で、新しい仕事の醍醐味を見出す、周囲から頼りにされる、上司の親身なサポートを受けるなどの理由によって、ワークモチベーションが徐々に向上していくのである。その結果、仕事の価値観が変わるなど、自己調整がうまくいった例もあるようだ。

この研究では、結果的にはうまく自己調整できて、役職定年と定年再雇用に対応できてい

図表5-1　役職定年と定年再雇用時のワークモチベーションの変化

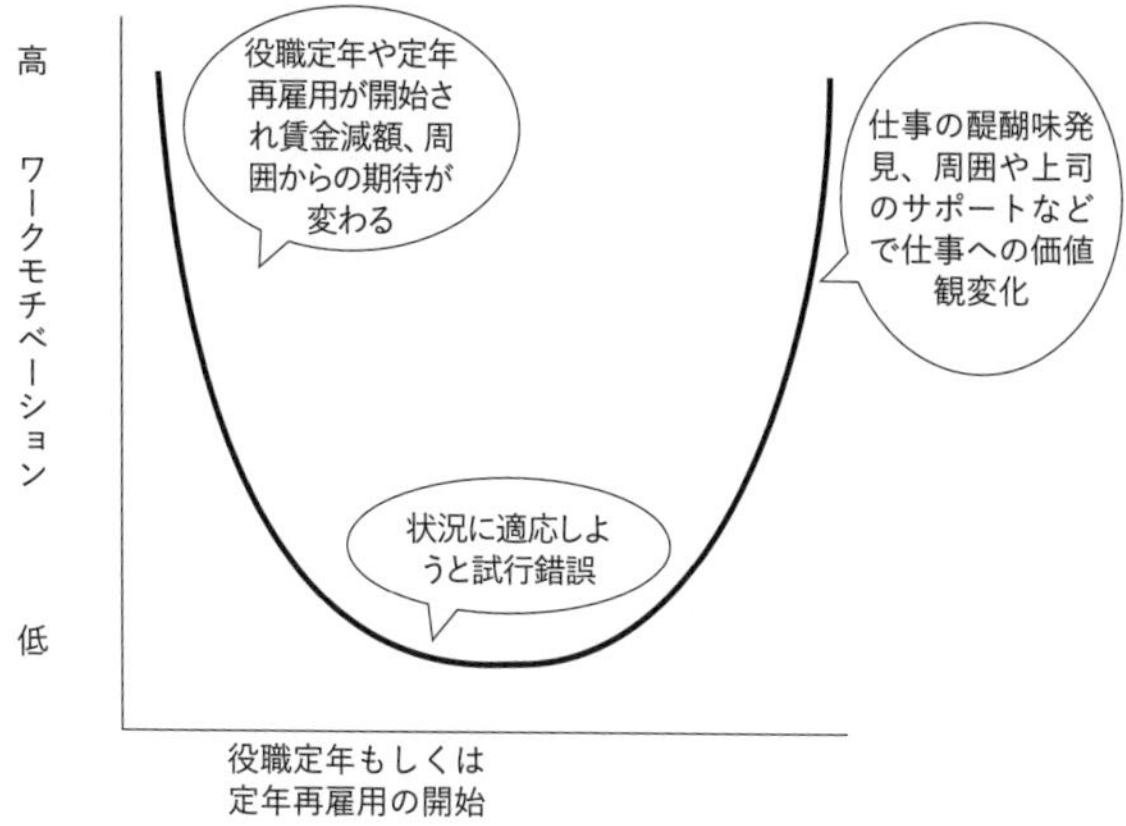

出所）近藤英明（2020）「役職定年もしくは定年再雇用を経験したシニア社員のワークモチベーションについて」法政大学大学院政策創造研究科修士論文に基づき筆者作成

るシニアの姿が描かれている。それ自体は望ましいことなのだが、問題は、U字型にワークモチベーションが落ちていく状態だ。ここでは、組織や周囲が役職定年と定年再雇用の対象であるシニアに期待しなくなるというエイジズムの状況が示されている。

シニアに期待しなくなるというエイジズムとは、具体的にはどのようなものか。この点については、当研究室のゼミ修了生の水元孝枝さんの修士論文[*68]が詳しい。この研究では50歳以上のシニア社員15名にインタビューをしている。シニア社員が特に問題だと指摘しているのは人事評価の問題である。45歳以降、あるいは役職定年の55歳以降は、組織側はシニア社員に対して、正当に人事評価してくれないという不満が多い。人事評価の実質的な対象範囲は若手社員だけだというのだ。45歳から定年再雇用の終了時期である65歳まで20年もあるのに、その間は評価せずに放置されるのはおかしい、という不満も見受けられた。組織側から人事評価を正当にしてもらえないという不満は、組織からの自分への期待の低さを実感することにつながる。そして、組織での自己の存在意義が感じられなくなるという。これこそ、まさにシニアの低い成果の自己成就へとつながる状況であろう。

組織はなぜシニアに対する人事評価に真剣に取り組まないのか。その理由は2点あると筆者は考える。第1に、組織が人事評価の目的を、昇進（それに付随する上昇傾向の賃金）の決定にあると考えていること。組織としては、若手・中堅社員が昇進し賃金が上昇していく中で、それを公正に判断することには関心が高いだろう。しかしシニアになり賃金の上昇が止まり、役職定年と定年再雇用においては年齢で一律に賃金が減額されるという状況では、人事評価をする必要がないと考えてしまうかもしれない。第2に、組織がシニアには技能継承を期待するが、第一線の仕事は期待していないこと。組織としては、技能継承のような間接的な貢献は、短期間で組織の業績に結びつくわけではないし、明確な判断を行いにくいので、人事評価をすることに前向きでなくなってしまう。

しかしこうした組織の姿勢は、従来の福祉的雇用を前提とした固定観念に囚われたものといえる。また、それは組織側のシニアへのエイジズムでもあろう。シニアに第一線の仕事を担ってもらい活躍を期待するのであれば、昇進し賃金が上昇していく状況でなくとも、その都度の仕事ぶりを適切に人事評価することが必要だろう。組織が正当に人事評価してくれているとシニアが受け止めれば、それは組織が自分に期待しているという受け止めにつながるだろう。

組織側のエイジズムが権限委譲を阻害する

シニアが第一線の仕事で活躍していく際には、ジョブ・クラフティングを行うことが欠かせない。シニアがジョブ・クラフティングを行ううえでは、権限委譲が重要であることがわかっている。ところが、組織側にシニアへのエイジズムがあると、シニアへの権限委譲を阻害してしまうことになる。

具体的には、前出の筆者とパーソル総合研究所の共同調査[*69]で、権限委譲の重要性が浮き彫りになっている。この調査では、ミドル・シニアの躍進行動につながる要因を調査した。詳細は第7章で紹介するが、実はジョブ・クラフティングとほとんど一致する内容の行動だった。

調査では躍進行動（ジョブ・クラフティングと類似）を促す上司のマネジメント行動と、阻害する上司のマネジメント行動が明らかになった。促す上司のマネジメント行動としては、40代・50代・60代の部下で共通して「仕事の仕方に対する尊重・裁量の付与」が該当した。また50代の部下に対しては「責任ある仕事の割り当て」というマネジメント行動が該当した。他方、阻害する上司のマネジメント行動としては、50代で「上司による社内調整」、60代で「課題の明確な指摘」が該当した。

「仕事の仕方に対する尊重・裁量の付与」とは、40代・50代・60代の部下の仕事の仕方を尊重し、なおかつ仕事の裁量を与えるということだから、権限委譲そのものである。また「責任ある仕事の割り当て」は、福祉的雇用において無理やり作り出した難易度の低い仕事とは、対極にあるものだろう。責任ある仕事を担当する場合、自分の能力以上の業務にも挑戦することになるだろうから、成長を意識する確率が高まるだろう。また、組織全体のことを意識する確率も高まるだろう。つまり、「責任ある仕事の割り当て」は「自己の成長と専門性の追求」と「全体性」が結びついた仕事の意味へとつながりやすいのではないか。こうして考えると、シニアにとっては、難易度の低い仕事でなく責任ある仕事を権限委譲しつつ担当してもらうことが望ましいことになる。

逆に、阻害する上司のマネジメント行動である「上司による社内調整」と「課題の明確な指摘」には、どういう意味があるのか。「上司による社内調整」とは、本来は50代のシニア社員なら対応可能なはずの社内調整という業務を、部下に任せずに上司がやってしまうことである。「課題の明確な指摘」とは、手取り足取り細かいところまで上司が口を出し、いわばダメ出ししてしまうことである。両方の行動を重ね合わせると、シニアをマイクロマネジメントし、責任があり難しいこと（社内調整）は、やらなくていいというメッセージを与えることにつながるだろう。権限委譲とは正反対のマネジメント行動といえよう。この場合、シニアはやる気をそがれ、ジョブ・クラフティングを行うことも難しいだろう。

前出の水元論文[*70]では、自分の存在に関心を寄せ、その状態をよく把握したうえで個別対応してくれる上司への評価が高かった。しっかりとシニアの部下の状況を把握し、そのうえで権限委譲してくれる上司が理想的ということだろう。

自己調整を促す上司のマネジメント

しっかりとシニアの部下の状況を把握し、そのうえで権限委譲してくれる上司は、実はシニアの自己調整を促すこともできると筆者は考える。手術室看護師の自己調整とは自身の衰えを認め、だからこそうまく共存していこうとする姿勢だった。定年再雇用者の自己調整とは、二律背反する感情を抱き続けながら、徐々に自分が現役世代とは違う立場に置かれたことを認め、それを受け入れ新しい役割に従事する自分を肯定できるようになることだった。

組織開発コンサルタントの片岡裕司は、シニアが仕事で活躍するために必要な姿勢の変化をプライド・シフトと呼んでいる。[*71] このプライド・シフトは、自己調整とかなり共通点がある。ただ、プライド・シフトにおける自己調整は、より第一線の仕事を担当する方向性の調整に絞られている。シニアになると、あとは余生なのでゆっくりする、仕事は若手に任せる、自分は後輩のサポートだけする、という考えに傾いてしまうことが見受けられるという。これはまさに、技能継承重視の考えであろう。

技能継承重視の考え方にシニアが陥るのは、自分を守りたいというプライドと関係があるという。本当は第一線の仕事を担当したいのだが、自分の弱みを見せたくないというプライドが、シニアに技能継承を重視させる。なぜそうしたプライドが生まれるのかといえば、役職定年などを契機に周囲から期待されていないと感じる、新しい仕事を担当するがシニアの尊厳を保てないような注意をされる、上司から若手に配慮して、でしゃばるなと言われる、などの出来事があったからだという。

そこでプライド・シフトという自己調整が必要になる。具体的にはプライドを乗り越え、新しいことを学んで挑戦し、年下の人にも教えてもらうことを厭わないという姿勢への自己調整である。このプライド・シフトができれば、第一線の仕事に挑戦し続けることが可能になる。

このプライド・シフトを促す上司のマネジメントとしては、もちろん権限委譲が重要だ。そしてそれだけではなく、シニアに対する次のような上司マネジメントが有効であるという。目標は主体的に設定してもらう、業務をチェックして叱責するのではなく目標達成に向けた支援に徹する、褒めるのではなく敬意を持って接する、期待と感謝を伝える、などのマネジメントだ。

これらのマネジメントは、前出の躍進行動を促す上司のマネジメント行動と類似点が多い。目標は主体的に設定してもらうこと、褒めるのではなく敬意を持って接すること、期待と感謝を伝えることは「仕事の仕方に対する尊重・裁量の付与」に通ずるだろう。業務のチェックと叱責だけに偏らせないということは、「課題の明確な指摘」をしないことに通ずるだろう。このように適切な上司マネジメントは、シニアの自己調整としてのプライド・シフトを促す。そしてシニアが第一線の仕事で活躍し続けることにつながるだろう。

権限委譲は全世代に有効

シニアにとっては権限委譲が有効であった。ただ、これはシニアに限った話ではない。ウェルビーイングは幸福に言い換えることができる、と前に述べた。ギャラップ社が過去からの世界各国の調査を分析したところ、人生には5つのウェルビーイングの要素があったそうだ。[*72] キャリア、人間関係、経済的、身体的、コミュニティの5つである。このキャリア・ウェルビーイングとは、職場におけるウェルビーイングと言い換えることもできるそうだ。

この5つはどの要素も重要であるし、それぞれが分離しているわけではない。ひとつの要素のウェルビーイングが高ければ、それが他の要素にも波及する。特にキャリア・ウェルビーイングの波及効果は高いそうだ。キャリア・ウェルビーイングが高いと、私生活にも波及し、生活全体がいきいきする可能性が2倍以上になるそうだ。これは、人生全体のウェルビーイングを考えるうえでは、仕事・職場（働き方）という要素が欠かせないことを示している。働き方が充実すれば私生活に良い影響があるし、そうでないなら私生活に悪影響があるというわけだ。

では、キャリア・ウェルビーイングの中で重要な要素とは何だろうか。ギャラップ社によれば、それは上司との関係だという。調査では、1日のうちで最悪の時間とは、上司と過ごす時間だったそうである。人生が幸福であるかどうか、なんとそれは上司に左右されてしまうのである。

ここでギャラップ社は上司がボスからコーチに変わることを提案する。コーチとはどんな上司か。一言でいえば、私（部下）の意見を尊重してくれる上司である。それは、私（部下）に意見を求め、私（部下）に権限を与える上司なのだ。これは、まさに権限委譲する上司である。結局、ギャラップ社の調査からわかることは、ウェルビーイングにとって重要な要素は権限委譲であるということだ。しかもそれは、働き方のみならず私生活全体のウェルビーイングにも波及していく。

このギャラップ社の調査を紹介した書籍[*73]でも紹介されている権限委譲に関する調査が、ホワイトホール研究である。[*74] ホワイトホール研究とは、イギリスの公務員を対象とした大規模なコーホート研究（ある集団を一定期間、追跡調査する研究）である。その結果、判明したことは権限委譲の重要性である。自分の人生を自分でコントロールできることが、健康にとっては大事だった。上から一方的に命令され権限がない職務の場合、健康に悪影響があり、最終的には死亡率が高くなってしまうのだ。なんと権限委譲がされていない働き方の場合、寿命さえも左右されてしまうのだ。

もしシニアへの権限委譲に配慮し上司マネジメントを改善する（ボスからコーチに変える）組織があれば、シニアだけでなく、全世代に良い影響があるだろう。全世代の社員の健康までもが向上するのだ。

前川製作所のシニアへの取り組み

権限委譲によって、シニアに第一線の仕事で活躍してもらうことは重要だ。しかし、それを実践する理想的な組織は本当に存在するのだろうか。答えはイエスである。特に、先進的なシニア雇用を実践している企業は権限委譲と第一線の仕事を重視している、と筆者は考える。

実際にシニア雇用支援企業では、「現役世代の力になる能力」よりも、シニアの自律性に基づく「第一線で活躍する能力」を重視していたことが、前出の岸田泰則さんと筆者の共著論文で示されている。[*75] その中で、先進的な事例として紹介されている企業が前川製作所であり、以下に詳細を紹介したい。

前川製作所は食品工場のエンジニアリングをはじめ、高度な機器の製造・販売を行う企業である。そのため、長年の経験を有する社員は貴重な存在だったのだろう。２０１３年に高年齢者雇用安定法が改正され、65歳までの希望者の雇用が義務化される以前から、実質的に定年制はなかったという。ただし当時、無制限に60代以降の雇用が認められていたわけではない。前川製作所が発行する「プラチナニュース」（第14号、２０１７年）では「①健康であること ②やりたいことが明確であること ③それを周囲が受け入れていること」という定年後も働き続ける３条件が示されている。

健康は、まさにシニアには欠かせない要素だ。やりたいことが明確、というのはシニアの自律を重視しているということだ。これは「第一線で活躍する能力」と「自己の成長と専門性の追求」につながるものだろう。

さらに特徴的なことは、それを周囲が受け入れている、という条件が加わっていることだ。いくらシニアにやりたいことがあっても、それが周囲に迷惑なら、「周りが見えないジョブ・クラフター」になってしまう。実は当時の前川製作所では、シニアの再雇用の条件として周囲（職場）の承認が必要だったという。やりたいことは周囲に受け入れられてこそ価値があったわけだ。

周囲からの自身への評価を認識してもらうため、50歳時点では「場所的自己発見研修」を実施していたという。場所というのは独特な表現だが、前川製作所では社員の関係性を場所と呼ぶそうだ。人間関係を場所と呼ぶのは興味深いが、これによって社員が関係クラフティングを意識する可能性が高まると筆者は考える。場所的自己発見研修とは要するに360度評価であり、周囲から自分への評価を理解する内容だ。周囲からの評価を知ることで、自己洞察と自己理解が深まり、場所（本人と職場の関係性）の質が向上する。本書でいうシニアの始まりの年齢である50歳で、こうした研修が実施されていたことは興味深い。

それだけでなく、56歳、58歳、60歳時点では、サポートメンバーと呼ばれる、65歳を超えた元役員相当の3名が、本人とその上司にカウンセリングを行う。本人にとっては、60代後半以降のサポートメンバーから助言をもらえれば、今後の見通しに関して参考になることが多いだろう。注目すべきは、上司へもカウンセリングを行うことである。権限委譲を含め、ボスではないコーチとしての上司の役割の重要性を本書では強調してきた。前川製作所でも、シニアに対する上司の重要性を認識するからこそ、カウンセリングを行うのであろう。

このように、前川製作所のシニアへの取り組みは、シニアの「やりたいこと＝自律性」を基盤にしつつ、場所（本人と職場の関係性）を重視する。やりたいこととしての認知クラフティングと、場所としての関係クラフティングが両立する環境整備がなされた取り組みであろう。

定年延長と定年廃止

シニアが第一線で仕事をしていくなら、本来は60歳定年という仕組み自体を見直す必要があるかもしれない。これを早くから実践していた企業がサトーホールディングスである[*76]。同社は、２００７年という早い段階で定年年齢を65歳に延長している。これは当時としては、画期的なことであったろう。この決断には、経営トップの強い意思があったそうだ。というのも、同社には社員一人ひとりの「個」の強みこそが企業の成長につながるという信念があり、そうであれば個人を年齢で一律に捉えることが適切でないという考えがあるからだろう。同社には「3行提報」という有名な仕組みがある。これは全社員が、毎日、経営トップに3行提案するという仕組みである。社員が経営参加する仕組みとして評価が高いが、言い換えれば社員に経営の一端を担ってもらうという権限委譲の仕組みでもある。権限委譲を重視する組織だからこそ、定年延長という決断が早期にできたのかもしれない。

同社としては、50代は第一線でバリバリ活躍してほしいそうだ。本書で強調してきた、シニアに第一線で仕事をしてもらうということとまさに一致する。これを同社では、シニアから引退モードという意識を一掃すると表現している。そのため賃金カーブの是正に取り組んでいるそうだ。具体的には、56歳の役職定年時における賃金の減額を撤廃し、60歳では役割の変更を明確にし、それに応じた賃金を設定するそうだ。また、シニアのキャリアセミナーでは、マネープランが引退モードを促していたと認識し、それを見直して第一線でバリバリ活躍するためのセミナーに内容を一新したそうだ。

ＹＫＫグループは、さらに一歩踏み込んで、２０２１年4月に定年制度を廃止している。[*77]同社が定年廃止に踏み切った理由は、公正を謳う経営理念と、自律と共生を謳う人事理念にある。これらの理念では、年齢、性別、学歴、国籍に囚われない人事を目指している。そう謳っておきながら、年齢で一律に定年を設定することは、どうしても矛盾してしまうという判断だ。ただ、それは単に社員に甘い仕組みではない。評価基準はより厳格に行い、社員と定期的に面接し、希望や能力から適した職務に配置転換も行うそうだ。

前に述べたとおり、シニアにとって受け入れがたいことは、正当な人事評価がなされないことだった。厳しくても、正当に評価が行われることはシニアにとって歓迎すべきことだろう。そしてそれは、シニアに第一線の仕事をしてほしいという期待を示すメッセージにもなるだろう。

60歳からの新規雇用：加藤製作所

シニアの雇用について、今まで述べてきた仕組みとは異なる発想で、60歳からの新規採用を行っている企業がある。岐阜県を拠点とする加藤製作所とサラダコスモである。両社とも、前出のゼミ修了生の岸田泰則さんが長年にわたって研究を続けてきた。その関係性のおかげで、２０１７年の夏合宿として、両社にゼミ一同で訪問させていただいた。

加藤製作所は岐阜県中津川市の企業で、先進的なシニア雇用で有名であり、メディア掲載も多い。筆者もＷＥＢ記事を執筆したことがある。[*78]

加藤製作所の社員数は92名（うちシニア社員43名）である。同社が60歳以上の新規採用を開始したのは２００１年であった。同社は航空機部品をつくるほど、高度なプレス加工技術（深絞り）を有する。しかし２００１年当時は不景気で、注文は多かったが取引先の低コスト・短納期の要求は厳しかった。そんな時に、同社の経営トップである加藤景司社長は、中京学院大学の調査で中津川市のシニアは働く意欲が高いことを知った。そこで、中津川のシニアに週末だけ働いてもらい工場の稼働率向上を目指すことにした。

当初、社内では反対が多かった。また相談したハローワークからも、シニアの雇用は難しいと求人に難色を示された。しかし加藤社長はあきらめず、加藤製作所として独自に求人チラシを新聞に折り込むことにした。この求人チラシはその後も継続されており、**写真**はその一例である。

求人チラシの、60歳以上の意欲ある人を求めるというコンセプトは成功だった。広告が新聞に折り込まれた初日から電話の問い合わせが相次ぎ、１００名の応募につながった。意欲のあるシニアが多く、当初は10名の採用予定であったが、最終的には15名を採用した。

しかし採用後、シニアの働き方が軌道に乗るまでは予想以上に苦労が多く、時間も要した。

加藤製作所の求人チラシ

同社では採用したシニアを、尊敬を込め「キャリア社員」と呼んでいる。ところが、同社の仕事に未経験であるキャリア社員は、若手社員が熱心に教えても業務を覚えることに時間がかかった。それどころか不良品も発生し、社内ではキャリア社員を冷ややかに見る雰囲気になってしまった。

そこで加藤社長はキャリア社員が働きやすくなる社内の改革に取り組んだ。現場の作業のバリアフリー化として、生産数に関するブザー音をシニアにわかりやすい装置毎のメロディーに変更。くわえて半自動箱詰め機を導入、作業台は身長よって調整可能にし、冷暖房を整備した。現場の字やイラストはキャリア社員が見えやすいように改善。さらに、キャリア社員からの改善提案も取り入れた。当時の設備投資は、３０００万円もかかったという。

費用は多額だったが、設備投資は十分に効果を発揮した。設備改善によりキャリア社員が働きやすくなっただけでなく、現役社員も働きやすくなり、全社的に作業効率が改善された。こうした改革が功を奏し、キャリア社員は仕事に慣れ、不良品も少なくなり、若手社員はキャリア社員を評価するようになった。今では、若手社員とキャリア社員は一体化して働き、職場で共に楽しく談笑している姿が普通のことになった。

それだけではない。キャリア社員が60歳以降も楽しく働く姿は、現役社員の将来の姿でもある。現役社員はその姿を目の当たりにし、自身の定年後の働き方に希望を持つことができ、安心して働けるようになった。

この加藤製作所の一連のシニア雇用の取り組みは、組織としてのＳＯＣ理論の実践と呼べるのではないだろうか。ＳＯＣ理論の選択としては、シニアが加齢の変化という現実に適するように、シニアであってもいきいき働けるという重要な目的に絞り込む。最適化としては、選択によって特定した目的に合わせて、若手社員と働くことにうまく適応することを目指す。そして補償として、シニアの加齢変化に対応できるよう現場作業をバリアフリー化する。また若手社員がシニアを評価することで、他者の助けを得るという観点で若手社員からの支援が得やすくなる。

さらに同社では、シニアからの改善提案も積極的に取り入れていた。個人が主体的に改善に取り組むことは、ディズニーランド、テッセイの例のようにジョブ・クラフティングでもある。つまり加藤製作所のシニア雇用の取り組みは、組織としてSOC理論の実践をし、さらにそれを個人のジョブ・クラフティングとも組み合わせるという好事例そのものなのだ。

60歳からの新規雇用：サラダコスモ

この加藤製作所の60歳以上のシニア雇用の取り組みに共感し、同様の取り組みを行ったのが、サラダコスモである。サラダコスモは、加藤製作所と同じく岐阜県中津川市に本社を構える、農薬や化学肥料不使用で発芽野菜（もやし・スプラウト）を製造・販売する企業である。サラダコスモが運営する教育型・観光生産施設が「ちこり村」である。ちこり村とは、ヨーロッパ原産のキク科の野菜である「国産ちこり」による、いわば食のテーマパークである。ちこり村では、ちこり生産ファームと、ちこり芋を原料とする焼酎を蒸溜する蔵の施設見学が可能で、またレストラン、カフェ、売店が併設されている。広大な駐車場には、お客様が乗ってきた観光バスや自家用車が所狭しと並び、年間を通して賑わいを見せている。

ちこり村では、60歳以上を優先的に雇用している。その結果、ちこり村のスタッフ67名中、43名が60歳以上であるという[*79]。加藤製作所と同じく、２０１７年の夏合宿の機会に、筆者のゼミ一同でちこり村を訪問させていただいた[*80]。団体見学として予約しているので、ちこり村のスタッフが、ちこり生産ファームと、ちこり焼酎の蒸溜蔵の施設を案内してくれた。

印象的だったのは、案内してくれたスタッフの笑顔と発言だった。そのスタッフは、優先的に雇用されている60歳以上のシニアのひとりであった。施設案内の途中の会話で、そのスタッフはちこり村で働くことの喜びを、誇張なく自然体で語ってくれた。60歳を超えても、働く場があることが嬉しい。日々お客様とやりとりでき、お客様が喜んでくれることが嬉しい。シニアの仲間と話すことが嬉しい。事務所の若手と話すことが嬉しい。自分が必要とされる居場所がちこり村で、ここにいるだけで本当に楽しいという。60歳を超えても働くことができ、自分は本当に幸運だと語っていた。はじけんばかりの笑顔が、その言葉に嘘偽りがないことを物語っていた。

くわえて印象的だったのは、施設の見学コースの随所に展示されている**写真パネル**だ。そ

ちこり村に展示されている写真パネル

れらのパネルでは、ちこりの栽培過程やちこり焼酎の醸造過程が説明されているのだが、それだけではなく、ちこり村のシニアスタッフが楽しそうに働く姿の写真も多かった。

上の**写真パネル**に写っている5名のスタッフは、全員70代だという。真ん中でちこり焼酎を持っている方は、ちこり焼酎の杜氏であるそうだ。ただし、定年までは高校教師として勤め上げ、その後、ちこり村に採用されて、未経験の職務であった杜氏として活躍しているという。

テーマパークの見学コースで、そこで働くスタッフたちの姿を主役に据えて展示している例は少ないのではないだろうか。いかにちこり村が、そこで働くシニアたちを大切に思っているかを見て取ることができる。そしてそのシニアたちが口々に語る、60

歳を超えても働くことができる喜びと、それを示す笑顔。これこそ神谷美恵子が示す生きがいであり、生存充実感ではないだろうか。

サードエイジの生きがいと佐藤一斎

加藤製作所とサラダコスモのシニア雇用では、その対象者が担当する職務は60歳まで未経験であったものである。60歳から未経験の仕事に慣れていくのは、苦労もあったことだろう。しかし両社でシニアは、働くことは楽しいと語る。これは伊能忠敬と同じく、サードエイジになって新しい取り組みを始めたシニアが生きがいを得た事例だろう。

両社でシニアのサードエイジの好事例が実現している背景には佐藤一斎《いっさい》の教えの継承があると思われる。佐藤一斎とは、岩村藩に仕えていた江戸時代の儒学者である。岩村藩は、中津川市の隣に位置する恵那市に居城があった。恵那市、中津川市では現在でも様々な佐藤一斎に関する勉強会・研究会が開催されている。特にちこり村では佐藤一斎の伝承がひとつのテーマにもなっており、写真パネルが展示されたり、関係する書籍が販売されたりしている。

佐藤一斎の言葉として特に有名なものが、『言志晩録』60条である。[*81] それは「少にして学べば、則ち壮にして為すこと有り。壮にして学べば、則ち老いて衰えず。老いて学べば、則ち死して朽ちず」という言葉だ。現代語にすると「若い時に学べば、人生の勢いが盛んな時期に、何かを成し遂げることができる。人生の勢いが盛んな時期に学べば、老いても衰えない。老いて学べば、死んでも朽ちない」ということになるだろう。

この言葉は生涯学習の重要性を示すものとされる。同時に、サードエイジの意義を示すものでもないだろうか。ファーストエイジは、学生として生活と仕事に準備する時期であったが、これは「少にして学べば、則ち壮にして為すこと有り」という部分に一致する。セカンドエイジは人生に努力を傾注する時期であったが、これは「壮にして学べば、則ち老いて衰えず」に一致する。サードエイジは、活動的でありつつ本格的な努力から解放され、セカンドエイジとは違うことを追求できる時期であった。これこそ「老いて学べば、則ち死して朽ちず」に一致すると考えられる。

死んでも朽ちないとは、将来の何かを達成することではなく、人生の意義や目的そのものを追求できること、と言い換えられないだろうか。そうであれば、老いても新しい学びを行い、人生の意義や目的を追求することの意味になる。これこそが、エウダイモニアを追求するサードエイジのあり方だろう。

つまり、岐阜県の恵那市、中津川市近隣では江戸時代からサードエイジの重要さが示され、その理念が連綿と継承されてきた。だからこそ、その理念を継承する加藤製作所とサラダコスモのシニア雇用で、サードエイジの好事例が実現したのではないだろうか。岐阜県の歴史と文化を基盤とするサードエイジのあり方に、我々はもっと注目すべきかもしれない。

本章をまとめると、以下が要点となる。

・賃金を引き下げなければいけないという組織の認識が、シニアを第一線の仕事から遠ざけ、ひいてはシニアを自己成就予言に追い込んでいる可能性がある。
・組織の無意識のエイジズムの存在が、キャリア研修の設計に悪影響を与える。
・シニアのワークモチベーション（仕事への動機・意欲）は、U字型をたどるパターンが多い。
・シニアに第一線の仕事を担ってもらい、活躍を期待するのであれば、昇進し賃金が上昇していく状況でなくとも、その都度の仕事ぶりを適切に人事評価することが必要。
・前川製作所のシニアへの取り組みは、シニアの「やりたいこと＝自律性」を基盤にしつつ、場所（本人と職場の関係性）を重視。

・シニアが第一線で仕事をしていくなら、本来は60歳定年という仕組み自体を見直す必要がある。

・加藤製作所のシニアへの取り組みは、組織としてＳＯＣ理論の実践をし、さらにそれを個人のジョブ・クラフティングとも組み合わせていた。

・サラダコスモのシニア雇用は、神谷美恵子が示す生きがい、生存充実感につながっていた。

・加藤製作所とサラダコスモでシニアのサードエイジの好事例が実現している背景には、佐藤一斎の教えの継承があった。

第6章

シニア労働者の働き方の選択肢

いよいよ本章では、具体的なシニア労働者の個人としての働き方について述べていきたい。ここまででも、定年前と定年後の働き方を分割されたものとして捉えるべきではない、と主張してきた。本章でも、定年前と定年後の働き方を地続きと捉え、うまく連続的に考えていくことをお勧めしたい。

そのうえで、シニアの働き方の多様化は進んでおり、選択肢が増えていることについて説明したい。従来のシニアの働き方は、現職を継続する、転職する、起業するという3つの選択肢で考えることが多かった。しかし、今や選択肢はもっと柔軟に捉えることができる。そして多様な選択肢と自分の希望をすり合わせていくことが、シニアの働き方思考法につながっていくのである。

シニアは働くべきなのか

シニアの働き方思考法について検討する前に、そもそもシニアは働くべきなのか、という問いについて考えてみたい。結論を先取りすれば、もちろんシニアが働くことは義務ではない。本人の自由な意思のもと、こうありたいと思うサードエイジを過ごすことは当然だろう。

以前『定年後』[*82]という書籍がベストセラーになった。定年後にいきいきと暮らすためにはどうするか、定年後の黄金の15年間をどう過ごすか、という点に焦点をあてた書籍である。定年を悠々自適に過ごすことは難しく、社会とつながりながら、何らかの活動をしたほうがいい。仕事、ボランティア、地域活動などのカテゴリーもあるが、それだけにこだわることなく、自らの興味、関心で幅広く考えていけばいい、ということが述べられている。また多様な人々との交流の大切さも指摘している。

この『定年後』の主張に対し、そうした定年後の姿を目指すべきではないという意見も表れた。[*83] 定年後は輝かなければならない、充実した生活を送らなければならない、と圧力をかけられること自体が望ましくない。定年後など大げさに考える必要はない。むしろ何もしないほうが幸せではないのか。60年も生きたのなら強い自我のまま周囲に迷惑をかけるのではなく、身を修めて、本人が好きなようにすればいい。要約するとこうした反論である。

筆者は、これは興味深い議論だと思う。なぜなら、活動理論と離脱理論の議論に類似していると考えるからだ。『定年後』の主張は活動理論にあてはまるだろう。定年後もなるべく活動を維持し社会とつながることで、充実した生活を目指そうとしているからだ。他方、『定年後』に対する反論は、離脱理論にあてはまるだろう。身を修めて、周囲や社会に余計な負担をかけないように離脱していい、何もしなくてもいいと主張するからだ。

　これが活動理論と離脱理論の議論だと考えると、どちらが正しいということにはならないだろう。活動理論と離脱理論には、シニアの生き方に関する価値観や信念の側面もある。シニアはこう生きたほうがいい、という価値観や信念だ。その価値観や信念を社会全体に一律に主張されると押し付けになるが、個人がその価値観や信念に従って生きることは、誰からもとやかく言われる筋合いのことではない。各人が自由に選択すれば、それでいいだろう。『定年後』についても、シニアは働くべきと主張はしていない。社会とつながりを持つことは望ましいが、それは仕事でもいいし、それにこだわらず自らの興味、関心で幅広く考えてもいいということだった。そして『定年後』への反論は、それすらも必要なく、何もしなくてもいいということだった。筆者もシニアが何をしたいかという選択は、個人が自由に行えばいいと考える。国や社会が、シニアはこれをすべきだと押し付けることは、個人の自由な選択を妨げる。むしろ、シニアの自由な選択を可能とする国や社会のあり方を目指すべきだろう。

シニアの定年後の実態

シニアの自由な選択を前提としたうえで、その定年後の実態を考えてみたい。以下に『令和4年版高齢社会白書』[*84]のデータを参照してみたい。

まず、経済的な暮らし向きについてであるが、65歳以上で心配がないと答えた者は合計で68・5％である。他方、心配であると答えたものは31・2％である。暮らし向きが心配である場合は、生計のために働かざるを得ない状況の人もいると考えられる。

次に実際に働いている人の割合である。男性が就業している割合は、60〜64歳で82・7％、65〜69歳で60・4％、70〜74歳で41・1％である。女性の場合は、60〜64歳で60・6％、65〜69歳で40・9％、70〜74歳で25・1％である。60歳以降も就業の割合は高く、特に男性の場合が高くなっていることがわかる。また、何歳頃まで働きたいかという質問については、65歳くらいまでが25・6％、70歳くらいまでが21・7％、75歳くらいまでが11・9％、80歳くらいまでが4・8％、働けるうちはいつまでもが20・6％であり、60歳以降も就業を希望する割合も高いことがわかる。

前出の『令和2年版高齢社会白書』[*85]では、シニアの経済生活の特集を組み、働き方の実態をより詳細に分析している。60歳以上の男女の収入のある仕事をしている人で、仕事をしている理由は、「収入がほしいから」（45・4％）、「働くのは体によいから、老化を防ぐから」（23・5％）、「仕事そのものが面白いから、自分の知識・能力を生かせるから」（21・9％）、「仕事を通じて友人や仲間を得ることができるから」（4・4％）である。つまり、収入を得る目的は一番比率が高いものの半分以下であり、それ以外は仕事を通じて収入以外の何かを得ることを目的としている。

さらに、60歳以上の男女で生きがいを感じている比率は全体で79・6％である。このうち、収入のある仕事をしている場合は85・0％、していない場合は76・4％となり、収入のある仕事をしている場合のほうが比率は高い。

繰り返しになるが、シニアがどう生きるかについては、自由に選択できることは当然だ。ただし高齢社会白書のデータを要約してみると、次のようなことがいえる。シニアで働いている人の比率も、働き続けたいと希望する人の比率も高い。またシニアが働く理由は収入を得る目的が多いものの、それだけではなく多様化している。くわえて、収入のある仕事をしているシニアのほうが、生きがいを感じている比率が高い。データからいえることは、シニアにとって収入のある仕事に従事することは、それを希望する者も多く、収入や生きがいにつながるという点で、重要な選択肢に数えてもいいことだ。

シニアの仕事の内容における選択肢の前提を見直す

シニアにとって、仕事に従事することを選択肢にくわえることまでは誰にも異論はないだろう。では、その仕事の中には、どんな選択肢があるのだろうか。従来、定年後の仕事の主な選択肢は3種類だと考えられていたと思われる。第1が今の組織での現職継続、第2が転職、第3が起業である。しかし筆者はこの3種類の分け方は従来の考え方の延長線であって、柔軟性を欠いていると考える。なぜそう考えるのかについて、以降説明したい。

『ほんとうの定年後[*86]』という書籍がベストセラーになっている。定年後の仕事の実態をデータに基づき、つまびらかにした内容だ。定年後の実態を一言でいえば、「小さな仕事」が中心であり、それで暮らしも成り立つし、幸福感を得ることもできるという。それはなぜか。まず総務省の家計調査を分析し、世帯の支出と収入の差を分析し、年金等による収入を計算してみると、月に稼がなければならない額は10万円程度になるという。また60代の管理職の比率は少なく、現場の仕事をしている人が多い。しかし仕事の負荷は下がり、ストレスから解放される。このように定年後を総体で捉えると、労働時間は短いが収入も少ないという小さな仕事に従事する人が増える。ところが、定年前より仕事への満足度、幸福感は上昇するのだという。それゆえ、仕事とは競争に勝つこと、高度な専門性を追求することという価値観を、小さな仕事で無理なく働くものへと変えることが重要だという。

この『ほんとうの定年後』の主張に対して、読者の反応として多かったものは、ほっとした、安心した、ということのようだ。人生１００年時代、長寿化という社会の流れの中で、メディアをはじめとして、とかく定年後の危機感を煽る言説が多い。しかし実態をデータで正確に把握でき、そのうえで小さな仕事で暮らしは大丈夫と告げてもらえると安心できるのだろう。また定年後に仕事への満足度や幸福感が上昇するというデータは、第2章の幸福感のU字型カーブと同じ現象を述べている。小さな仕事で幸福感が得られることに希望を見出して安心できるのかもしれない。

定年後の仕事のあり方が小さな仕事でも大丈夫となれば、現職継続、転職、起業という3種類の選択肢が多様化する。そもそも現職継続、転職、起業という選択肢を考えた時に、無意識のうちに週5日間で、午前9時から午後5時まで働くようなフルタイムの就業を前提としていないだろうか。しかし小さな仕事であれば、時間や場所に縛られない柔軟な就業形態

図表６‐１　多様な働き方の全体像

	雇用による働き方				雇用によらない働き方				
	労働者 ⟷ 事業者								
			一部にフリーター		一部に労働者性を伴う働き方を含む				
	正規雇用	非正規雇用			フリーランス				
	正社員	派遣社員・契約社員	パート・アルバイト	日雇い・非常勤	偽装フリーランス	常駐フリー	ギグワーカー	請負・委託	自営
働き方の契約	雇用契約				業務委託契約		プラットフォーム利用契約	業務委託契約	業務内容による
指揮命令	あり					あり〜なし	なし		
時間・場所の制約	あり（テレワーク促進により制約が減少しつつある）					あり〜なし	なし		
社会保険	企業で加入		勤務時間次第	個人で加入					

出所）プロフェッショナル＆パラレルキャリア・フリーランス協会『フリーランス白書2021』5ページの図表を筆者が一部抜粋・改変

が可能であろう。そこで、本書ではフリーランスという第４の選択肢を付け加えたい。

　ここで読者には疑問が湧くだろう。起業とフリーランスは何が違うのか。そもそも、起業とフリーランスは、厳密には比較できるものではない。起業とは新しく事業を起こすという意味であって、就業形態を説明する概念ではない。それに対してフリーランスは就業形態のひとつである。この点を明らかにするために、**図表６‐１**をご覧いただきたい。

　この図表では、筆者がアドバイザリーボードに所属しているプロフェッショナル＆パラレルキャリア・フリーランス協会（以下、フリーランス協会）が作成したものを、抜粋して簡易的に示している。まず働き方、つまり就業形態は大きく労働者と事業者に二分される。左側の労働者とは、雇用による働き方である。いわゆる正社員、派遣社員、契約社員、パート・アルバイト等が該当する。現職継続、転職という2つの選択肢を検討する時は、その前提としては雇用による働き方が中心になるだろう。

これに対し右側の事業者とは雇用によらない働き方を意味し、全般的にフリーランスという呼称にあてはまる。図表を見てわかるとおり、フリーランスと呼ばれる就業形態の中が多様性に富んでいることがわかる。起業とは何か事業を起こすことであるから、事業を起こした後にはこの図表の中では自営に分類されるだろう。つまり、起業をあえて分類するなら、フリーランスの種類のひとつということになる。

ところがシニアにとって起業という言葉は、かなりハードルの高いものに感じられるのではないだろうか。すぐに思い浮かぶのは、高い専門性、優れたアイディア、豊富な資金、綿密な事業計画が必要だというイメージだろう。実際に成功するのは「身の丈起業」と呼ばれる資金などを最低限に抑えリスクをなるべく減らした起業だといわれるが、初めて起業するシニアが多いと思われるので、いずれにせよハードルが高く感じられてしまうだろう。

他方、フリーランスの区分を眺めてみると、実はシニアにとってより身近な働き方が存在することがわかる。ちなみに偽装フリーランスは、本来は雇用として契約すべきところ業務委託契約を結んでいるものであり、是正すべき区分だ。常駐フリーはある特定の職場に常駐して働いているので、時間や場所の制約があり、労働者性も一部存在する。そうなるとシニアの働き方にとって身近になるのは、ギグワーカーと請負・委託の2区分なのだ。

ギグワーカーというとウーバーイーツを思い浮かべる読者も多いだろう。しかしそれは、ギグワーカーのほんの一部にすぎない。シニアの働き方にふさわしいギグワーカーの種類は多様に存在するのだが、この点については後に詳しく述べる。そして請負・委託こそが、シニアの働き方にとっては現実的で身近な選択肢だと筆者は考える。

請負・委託という言葉も、慣れていなければハードルが高く感じられてしまうかもしれない。しかし、要するにプロジェクト単位の仕事を業務委託契約で行うことにすぎない。副業についての詳細は後に述べるが、多くは請負・委託で行われることが多い。本業と同じく、副業の就業形態も雇用であると読者は思われるかもしれない。ところが副業の場合、プロジェクトベースであり、遂行すべき業務の詳細が明確であることが多いため、業務委託契約がふさわしいことが多いのだ。つまりシニアにとっては、定年前から副業を行い、副業フリーランスとして業務委託契約に慣れておけば、定年後の選択肢としてのハードルは下がるのではないだろうか。さらに請負・委託を中心にフリーランスを行う場合、必要な手続きは主に個人事業主になるための開業届ということになるが、一定の手続きさえ踏めば、届自体は難しいものではない。雇用によらない働き方の選択肢は起業しかないと考えるのではなく、フリーランス全体を視野に含めることは現実的な対応ではないだろうか。

働き方の選択肢は雇用だけ、会社員だけ、という考えに囚われない

それでも、フリーランスという働き方に不安を感じるシニアがいないわけではないだろう。たとえば、タニタは社員が個人事業主、すなわちフリーランスとして働くことができる仕組みを導入している[*87]。この仕組みは、フリーランスを選択する個人が不利益を被らないよう、十分に配慮されていると筆者は考える。しかし制度導入時点では、社内には相当な抵抗があったようだ。リストラの一環かと身構える社員もいたそうだし、最初は個人事業主の選択を申し込む数も少なかったそうだ。ことほどさように、雇用＝会社員なら安心だが、フリーランスはなじみもなく不安、という考え方がまだ根強いのではないだろうか。

しかし、そうした考え方が社会に根強いのには理由がある。**図表6-2**「就業者に占める

図表６-２　就業者に占める雇用者比率の推移

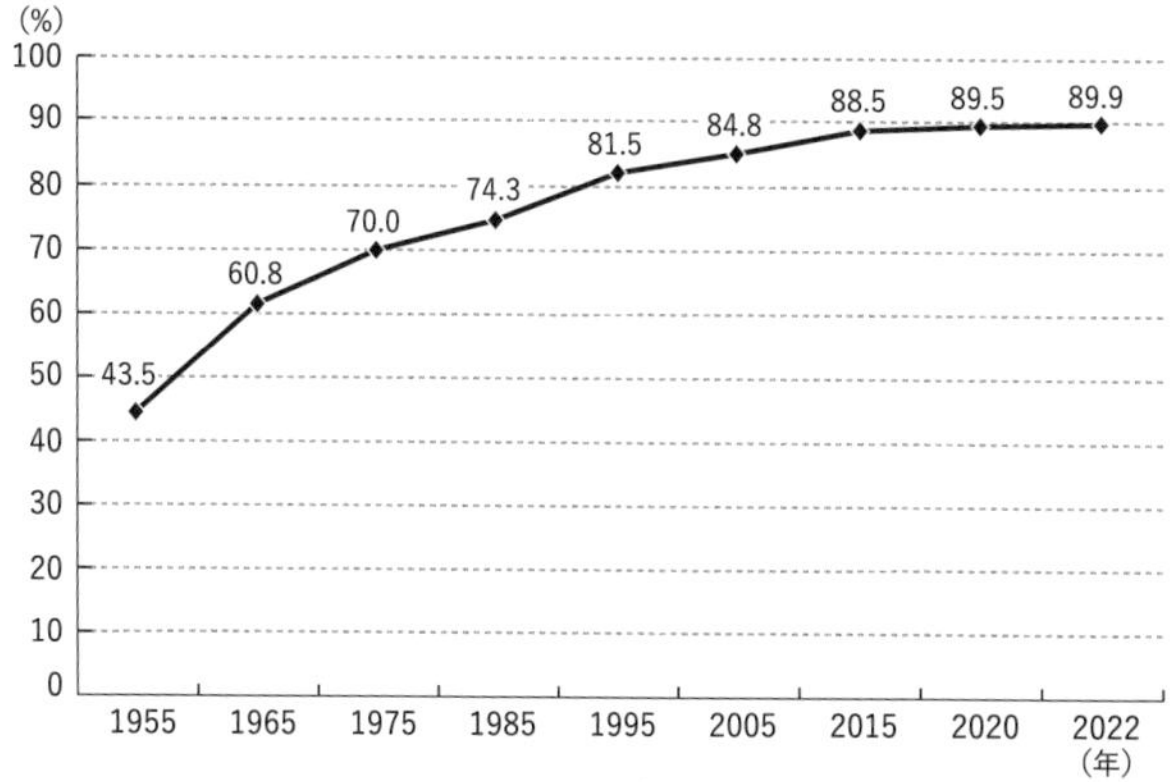

出所）「労働力調査結果」（総務省統計局）より作成

雇用者の比率の推移」をご覧いただきたい。１９５５年の段階では、日本社会で働く人の中の雇用されている人の割合は過半数に達していなかった。ところがその後、雇用者の比率は増え続け、２０２２年には90％近くに達しようとしている。これは、高度経済成長期に雇用者が一気に増加した、ひいては会社員という存在が一般化したことを意味する。つまりこの現象は、ここ50年程度のことにすぎない。それが現在では、雇用者比率が過半数を切っていた過去は忘れ去られている。その結果多くの人が、働き方といえば「雇用＝会社員」と考えるようになってしまったのではないだろうか。

それだけではない。フリーランスは会社員

と比べて労働市場で弱者と見られてしまうことがある。それはフリーランスの、特定の取引先だけに経済的に依存する従属性や収入の不安定さを重く見るからだ。[*88]

ここまでの話であれば、会社員からフリーランスへと働き方を変えることに、二の足を踏む人が多くなってしまうだろう。しかし会社員と比べてフリーランスは、実態として弱者にあたる存在なのだろうか。筆者はこのようなフリーランスへの通説に疑問を持ち、フリーランス協会と共同調査を行った。[*89] その結果が**図表6-3**である。

ここでMeanと表示されているのは、平均得点である。前にも述べたとおり、「ワーク・エンゲイジメント」とは仕事への熱意を意味する。「専門性コミットメント」とは専門性へのこだわりの程度を意味する。「ジョブ・クラフティング」はこれまで説明してきたとおりの意味である。そして「職業的自己イメージの明確さ」「主体的キャリア形成意欲」「キャリアの自己責任自覚」は3つとも、いわゆるキャリア自律、つまりキャリアを自分自身で切り拓いていこうという意識を意味する。これらの項目で、いずれもフリーランスは会社員よりも得点が高い。これが何を意味しているかというと、仕事への熱意、専門性、ジョブ・クラフティング、キャリア自律という点において、フリーランスのほうが会社員を上回っているということなのだ。

図表6-3　フリーランスと会社員の比較

変数名		*N*	*Mean*	*SD*	*F*値	*t*値(*df*)
ワーク・エンゲイジメント	**フリーランス**	665	4.00	1.13	7.67	26.39***
	会社員	665	2.42	1.06		(1322.10)
専門性コミットメント	**フリーランス**	665	3.96	0.73	6.19	19.83***
	会社員	665	3.12	0.81		(1311.50)
ジョブ・クラフティング	**フリーランス**	665	4.05	0.57	5.46	18.88***
	会社員	665	3.42	0.65		(1308.93)
職業的自己イメージの明確さ	**フリーランス**	665	4.02	0.79	0.83	20.40***
	会社員	665	3.11	0.84		(1328)
主体的キャリア形成意欲	**フリーランス**	665	4.07	0.81	1.38	20.58***
	会社員	665	3.14	0.82		(1328)
キャリアの自己責任自覚	**フリーランス**	665	4.29	0.73	10.32	15.52***
	会社員	665	3.62	0.85		(1297.20)

Note. ***$p<.001$、分散が異なる場合にはWelchの検定を行った。

出所）石山恒貴（2021）「雇用によらない働き方におけるワーク・エンゲイジメントの規定要因：雇用者とフリーランスの比較分析」『日本労働研究雑誌』Vol.63, No.1, pp.67-87, p.78、表2

これは通説とは異なる意外な結果のように見える。しかし、実はもともとフリーランスは、組織に属していないので、自律的で柔軟な働き方ができ、また専門性が高く創造的な仕事を行う存在と捉える見方もあった。[*90]となると、労働市場では弱者という見方と、自律的、専門的、創造的な存在という見方の両方があり、調査結果では後者が支持されたということになる。

この調査結果は、幸福感の研究とも一致する。[*91]幸福感を仕事満足度という観点で、西ドイツ、イギリス、スイスで測定した調査がある。その結果いずれの国でも、自営業のほうが雇用者よりも仕事満足度が高いことがわかった。その理由としては、自営業の場合は組織の雇用者のように上司の命令に従う必要がなく、自己決定の範囲が広いからだ、ということが考えられた。第5章では組織における権限委譲の重要性にふれたが、自営業の場合はもともと自分だけ権限があるので、究極の権限委譲と考えることもできるだろう。

この研究の自営業は、フリーランスと読み替えて問題はない。ここまでの話をまとめると、通説とは異なり、フリーランスという働き方には魅力的な部分があることがわかるだろう。もちろん、雇用=会社員とフリーランスにはそれぞれ一長一短がある。フリーランスという働き方が全面的に優れているわけでもない。しかし、働き方の選択肢は雇用だけ、会社員だけ、という考えに囚われず、フリーランスを選択肢にくわえることはシニアにとって意義深いといえよう。

モザイク型就労という選択肢

現職継続、転職、起業、フリーランスという選択肢に、モザイクという考えをくわえるとますます選択肢は増えることになる。モザイク型就労とは、人間拡張工学などを専門とする檜山敦が提唱する考え方である。[*92] モザイク型就労という考え方の背景は次のとおりだ。現役世代は、家計を支える観点からも、フルタイム労働でしっかり収入を確保したいというニーズが強い。しかしシニアの就労ニーズは、フルタイム労働だけではない。むしろ働きたい時間、働きたい場所だけで働くというニーズもある。そうなるとフルタイム労働にはならない。そこで各人の就労をモザイク的に組み合わせ、それによって複数人でひとり分のフルタイム就労に相当する仕事に対応するという発想である。

具体的には時間モザイク、空間モザイク、スキルモザイクという3つの要素がある。時間モザイクとは、各人の断片的な時間を組み合わせること。空間モザイクとは、テレワークで遠隔地でも働けるようにすること。スキルモザイクとは、各人のスキルを可視化しチームとして最適な組み合わせを行うことである。

こうしたモザイク型就労が進んでいくと、フルタイムで働く従来型の現職継続、転職、起業、フリーランスにくわえて、モザイク型の現職継続、転職、起業、フリーランスという選択肢が誕生する。たとえば、現職継続の場合、定年再雇用の際には、週5日ではなく短時間の勤務という選択肢が可能な企業はすでにある。そうなると、週2~3日だけ働く、午前だけ働く、午後だけ働くというようなモザイク型現職継続があり得る。

実はそうなると、もっと選択肢は増える。モザイクの組み合わせである。モザイク型現職継続＋モザイク型フリーランス、モザイク型転職＋モザイク型フリーランスなどの組み合わせだ。シニアの働き方の選択肢は、より多様化が進んでいくと思われる。シニア個人にとっては柔軟に選択肢を考えることができ、望ましいことではないだろうか。

シニアとギグワークの相性

シニアの働き方にとって、今後さらに増えていくと思われる選択肢がギグワークである。ギグワーカーは、フリーランスの区分のひとつであると述べた。では、そもそもギグワークとはどのような特徴を持つのだろうか。

ギグとは、もともとは単発の仕事を示す言葉であった。一夜限りの音楽セッションなどで使われることが多い。一方、情報通信技術の進歩によりオンライン上で様々な取引ができるようになった。こうした仕組みはデジタル・プラットフォームと呼ばれる。そこで、デジタル・プラットフォームを利用した仕事が活性化してきた。そのため、デジタル・プラットフォームを利用した単発の仕事がギグワークと呼ばれるようになったのである。

ギグワークは多様である。特にリモート性と裁量性に着目して分類できる。リモート性が高ければ、ギグワークはオンライン上で完結できる。低ければ、特定の物理的な場所で働かなければならない。裁量性が高ければ、プラットフォーマーはギグワーカーと顧客のマッチングだけを行う。業務内容や値決め自体は、ギグワーカーが裁量性をもって顧客と話し合い自ら決定する。裁量性が低い場合、プラットフォーマーは業務プロセス全般を管理し、サービスの値決めも行うため、ギグワーカーは自分で値決めができない。

ウーバーイーツと契約するギグワーカーは、物理的な場所で働く必要があり、業務プロセス全般を管理され、自分で値決めすることができない。つまりウーバーイーツとは、リモート性も裁量性も低い分類のギグワークなのである。

他方、リモート性も裁量性も高い分類のギグワークも存在する。いわゆる、スキルシェアサービスである。スキルシェアサービスには、スポットコンサルティング（たとえばビザスク[*93]）、得意なスキルのシェア（たとえばココナラ[*94]）、講師スキルのシェア（たとえばストアカ[*95]）などがある。

これらのスキルシェアサービスは、オンラインだけで完結してしまうものが多く、リモート性は高い（たとえば講師スキルなら、オンラインでも、物理的な場所も実施は可能で、どの場所で実施するかということはギグワーカー自身が決めることになる）。またスキルシェアサービスは、ギグワーカーと顧客のマッチングが主眼のサービスになるため、ギグワーカーは自分のスキルに希望の金額を設定し、顧客の募集をすることになる。したがって値決めも自分で行うことになるので、裁量性は高い。

このように、ギグワークの中でもスキルシェアサービスはリモート性と裁量性が高く、時間・場所・提供金額を自由に設定できるので、シニアにとっては利用しやすいものと考える。ただ、スキルの売り買いという言葉だけ聞くと、高度な専門性がないと利用できないと思ってしまうかもしれない。しかし、たとえばストアカの講師スキルのカテゴリーを見ると、ハンドメイド、料理、ＷＥＢ、ビジネススキルなど幅広い。ビジネススキルについても、コミュニケーション、簡単なExcel講座、プレゼンのコツ、営業のコツ、広報のコツなど幅広い。これならシニアの今までの経験の蓄積が、気軽に活かせそうである。

前出のモザイク型就労では、柏市の実証実験として、シニア向けに実際に自分のスキルを出品する１日のココナラのワークショップを行ったそうだ。[*96] この柏市の取り組みはＧＢＥＲの一環である。ＧＢＥＲとは、「Gathering Brisk Elderly in the Region」の頭文字による名称であり、地域の元気なシニアの地域参加を促すＷＥＢ上のプラットフォームである。[*97] 当初、参加したシニアは、スキルシェアという仕組みに対して、やはりハードルの高さを感じていたという。自分には、出品できるスキルなどないと思い込んでいた。しかしグループワークで自分の人生経験を各自が語り、グループの他者から、その人生経験に関するスキルを推薦してもらったところ、誰しもにスキルがあることがわかり、出品に至ったそうだ。たとえば、中国の現地法人の人事管理のコツ、山歩きのコツ、文書作成のコツ、仕事と介護の両立のコツ、などのスキルが出品されたそうだ。

シニアは誰しも豊富な経験と、それに基づくスキルを有している。しかし、自ら積極的に棚卸をしてみなければ、そのスキルが埋もれたままになってしまう。これはシニア個人にとっても、社会にとっても、もったいないことだ。スキルシェアサービスは、シニアが保有するスキルを、気軽に社会に提供していくきっかけになる可能性を有している。

シニアのモザイク型就労の実証実験：世田谷区のＲ60‐ＳＥＴＡＧＡＹＡ‐

モザイク型就労の実証実験として、世田谷区で「Ｒ60‐ＳＥＴＡＧＡＹＡ‐」という取り組みが行われている。[*98] この取り組みは、２０２１年に前出のＧＢＥＲのマッチングサイトを活用して開始された。２０２２年４月以降は、「三茶おしごとカフェ」に移行している。
Ｒ60‐ＳＥＴＡＧＡＹＡ‐では55歳以上の個人を対象に、個人と事業者双方に対して、ワークショップやイベントを行ってきている。その目指すところは、個人が今まで蓄積してきた経験とスキルを活かし、それを地域事業者の課題（人材、業務、経営など）解決に結びつけることにある。それは、地域に新しい働き方を生み出す。個人にとっては、ライフスタイルや就労ニーズに応じた柔軟な働き方が実現できる。地域事業者にとっては、今までは埋もれていた個人の経験とスキルによって、新しい形での課題解決が可能になる。

この事業の運営を受託しているのは、非営利型株式会社Polarisである。[*99] 同社は、子育て支援のＮＰＯで活動をしてきた市川望美氏、大槻昌美氏、山本弥和氏が２０１２年に創業した。育児期の女性にとって既存の働き方では、育児と仕事の両立の大変さばかりが目立ってしまう。そこで同社では「未来におけるあたりまえのはたらきかた」を創造し、子育て中の人たちにとって暮らしやすく働きやすい社会の実現を目指してきた。それを実現する取り組みが、たとえば「CoHana」（コハナ）というPolarisの事業である。コハナでは、地域企業やスタートアップのバックオフィス業務や顧客対応業務をPolarisが業務委託契約として引き受ける。その業務を、育児期の働き手を中心に構成されたワークシェアのチームが担当する。Polarisの担当ディレクターがチームマネジメントを行うため、安心して働くことができる。つまり、もともとPolarisでは育児期の働き手向けのモザイク型就労に取り組んできたのであり、そのノウハウがR60-SETAGAYA-にも活かされている。

たとえば、R60-SETAGAYA-では利用者個人向けに実践的なセミナーを行っている。[100] セミナーの説明内容は次のとおりだ。具体的な業務には、保育園の園庭管理、楽器演奏、セミナー講師など、短い時間のもの、単発のものがある。地域事業者の声、案件の検索方法、プロフィールの書き方なども紹介される。さらに、個人のキャリア、経験の棚卸の方法についても、解説やワークがある。自身のキャリアを振り返るために、ライフラインチャート（自分のキャリアを可視化する方法）やジョハリの窓（自己と他者の視点で自分を振り返る方法）などが紹介される。

なお、R60-SETAGAYA-の地域事業者のニーズも多様なものがある。排水設備の洗浄を行う会社の経営者のメンター（相談に乗る役割）[101]、地域でビールの製造販売を行う会社のイベント出店時のスタッフ[102]、有料老人ホームやサービス付き高齢者ホーム、在宅事業を展開している会社におけるシニアのためのライフガイド、イベントスタッフ[103]などである。

このように地域のモザイク型就労の取り組みは、個人側の経験とスキルの棚卸の進展と地域事業者側の対象となる業務の開発が重要となろう。Ｒ60－ＳＥＴＡＧＡＹＡ－の取り組みを通して、個人は自分のスキルへの理解や地域にある仕事への見方が変わってきたという。地域事業者側も従来のシニア像への考え方が変わり、個人に依頼したい業務について新しい発想が生まれてきたという。こうした個人と地域事業者の双方の歩み寄りのためにも、Polarisのような中間支援者の存在が重要であり、実証実験としてのＲ60－ＳＥＴＡＧＡＹＡ－の社会的価値は大きい。

また地域のモザイク型就労の取り組みは、シニアの選択肢として、スキルシェアサービスとは違った意義がある。スキルシェアサービスの場合は、個人がまず自分のスキルを出品し、それが日本全国からマッチングされる。他方、地域のモザイク型就労は地域事業者の提示した業務に個人が応募することになる。自分の居住する地域だからよく知っている、愛着があるということで、応募しやすいだろう。そしてその業務が地域に貢献することを実感することもできる。そういう意味では、スキルシェアサービスと地域のモザイク型就労はうまくすみ分けができており、シニアにとっては選択肢の増加となる。今後はもっと日本全国で地域のモザイク型就労の取り組みが増えていくだろう。シニアにとって、より身近な選択肢になることが期待できる。

オンライン・リモート副業という選択肢

モザイク型フリーランスとして、オンライン・リモート副業がシニアの新しい選択肢になり得る。副業については「本業は雇用＋副業も雇用」という組み合わせだけでなく、「本業は雇用＋副業は業務委託契約（＝フリーランス）」という組み合わせが一般的であることは前に述べた。

副業フリーランスという働き方は、コロナ禍でオンライン・リモートによる働き方が一般化したことで、さらに広がりを見せている。都市部の企業で働く人が、日本全国の地域の中堅・中小企業で副業をすることが容易になったのだ。これは、定年前と定年後、いずれのシニアにとっても働き方の有力な選択肢となり得る。

オンライン・リモート副業は大別すると、メンター型とタスク型に区分できるという。メンター型は、Ｒ60－ＳＥＴＡＧＡＹＡ－の業務の一例でも示されていた。中堅・中小企業の経営者は、意外にも日常的に相談する相手が存在せず、困っていることが多いという。そうした経営者の相談相手、アイディアの壁打ち相手になる役割が、メンター型である。

他方タスク型とは、一定の期間（たとえば３か月や半年）を目途に、具体的に定めた目標をプロジェクト的に達成していく役割である。中堅・中小企業では、恒常的に人手不足であることが多い。そうした状況の中で、重要であるが緊急ではない業務は後回しにされてしまい、なかなか実現が難しい。そこでタスク型としての副業を行うことで、業務効率化や新規事業の実施などを目指すのである。

メンター型とタスク型がなぜシニアに適しているかといえば、それまで蓄積してきた経験やスキルを活かすことができるからだ。また労働時間が短く、オンラインで完結できるため、柔軟に対応できる。これらの要素は、スキルシェアサービスや地域のモザイク型就労サービスと共通するところである。

オンライン・リモート副業の普及を先駆的に推進してきた企業が、ＪＯＩＮＳである。[*104] 同社では、地域中小企業向けの副業・兼業プロ人材マッチングサービスをＷＥＢサイトによって行っている。同社自体、代表取締役ＣＥＯの猪尾愛隆氏をはじめとして、メンバーはそれぞれ副業を行いながら業務を担っている。

猪尾氏によれば、オンライン・リモート副業では成功パターンが明確になりつつあるという。かつて副業がうまくいかないパターンは次のようなものだった。プライドの高い大企業の社員が、中堅・中小企業で副業を行う。大企業の社員は、中堅・中小企業の経営者しか眼中になく、経営改革だけが自分の担当業務だと思っている。そのため中堅・中小企業の現場の社員の存在はあまり重視せず、その業務の進め方に見下したような態度をとり、自分の所属する大企業の業務の進め方をモデルとした、きれいに整った企画書だけを作成する。しかしそのような企画書は、中堅・中小企業の現場の実態を反映していないので、使い物にならない。また、中堅・中小企業の現場の社員は、上から目線でプライドの高い大企業の社員に反発する。こうして、副業は成果につながらないまま終わってしまう。

　これに対し、猪尾氏が説明する成功パターンは次のとおりだ。中堅・中小企業側としては、まずすでに社内にあるやりたいことを整理しておく。それは重要であるが緊急ではない業務ということが多い。そしていきなり大きな成果は求めずに、小さい成果を目標に設定する。そのうえで、副業者のパートナーになる中堅・中小企業側の担当社員を選定し、チームを組んでもらう。そのチームで毎週、定例会議を行い、その会議で決まった内容に関して愚直にＰＤＣＡ（Plan：計画、Do：実行、Check：評価、Action：改善）サイクルを回していく。

　他方、副業者個人側も、いきなり大きな成果は求めずに、小さい成果を目指すという姿勢をとる。そのうえで、経営者より現場を重視する考えを持ち、中堅・中小企業の現場の社員との交流を密にする。また企画書の作成などの「頭」を重視するより、自らが手足を動かして現場の業務遂行に取り組んでいく。

猪尾氏によれば、中堅・中小企業側と副業者個人側のこうした姿勢がうまくかみ合えば、最初の小さい成果目標として定めた3か月や半年ほどのプロジェクトが成功することは多いという。また次の成果目標に向けて、3割程度が1年以上の関係性へ発展していくという。

さらに猪尾氏が指摘するのは、中堅・中小企業から副業者個人が獲得する信頼感のポイントだ。それは、中堅・中小企業のビジョン・ミッションに共感し、その企業の一員として現場に寄り添いながら働く姿勢だという。言い換えれば、その企業に心から貢献したいと思い、現場の社員と忌憚なくコミュニケーションできる姿勢ということだ。

当たり前のことのように見えるが、意外に難しいことではないだろうか。特に大企業で年齢・地位・役職の上下にこだわり、指示ばかりして現場の仕事に手足を動かさず、プライドが高くなっている状態だと、副業者の姿勢とは合致しなくなる。どうしたらそんな状態に陥らずに済むのか。この点は次章で詳しく考えてみたい。

働き方の組み合わせ：新しい自営

ここまで、シニアにとっては働き方の組み合わせが価値ある選択肢だと述べてきた。こうした働き方は、中小企業と地域産業政策を専門とする松永桂子によれば、特に地域では「新しい自営」と呼ばれることがある。[*105] 近年では副業が一般化しつつあるとはいえ、やはり都市部では、まだ単一の組織における雇用労働が中心ではないだろうか。しかし、地域ではIターン者による地域でのフリーランスとしての働き方が注目されているという。これは、身の丈起業と言い換えることもできる。具体的には、在宅、シェアオフィス、コワーキングを中心としたフリーランスでの働き方、あるいは空き家をリノベーションしたカフェやバーなどの起業である。

こうした働き方は、「スモールビジネス」「小商い」「生業」「ナリワイ」などと様々な呼び方をされるそうだ。松永は、これらを新しい自営という統一的な呼称に定義できるとしている。新しい自営は、主に地域の生活関連産業の中で生じている。これは「現代的百姓」と考えることもできる。

百姓という呼称は、望ましくない言い方ともされる。しかし本来、百姓の意味は、たくさんの姓を持つこと、すなわちたくさんの仕事をしているという意味でもあった。新しい自営、つまり現代的百姓は、働き方の組み合わせを、地域だからこそ先取りした考え方だったのではないだろうか。それは、ギグワークやモザイク型就労とも相まって、都市部も含めた日本全国で一般化し、シニアにとって当たり前の働き方になっていく可能性を秘めている。

働き方の組み合わせ：中村龍太氏の事例

ここで、シニアにとっての働き方の組み合わせを実践している個人の事例を紹介してみたい。コラボワークス代表／複業家の中村龍太氏の事例である。[*106] 中村氏はサイボウズの執行役員、自営農業と同時に、ＩＴ業界の様々な企業でも業務を行っている。中村氏が本業／副業という呼び方をしていないところに注目してほしい。中村氏にとってはいずれも重要な「業」であり、そのため複業という呼び方になるのだ。

中村氏はＮＥＣを経て日本マイクロソフトに転職した。ところが40代中盤、２度の降格を経験したという。その際は大きな葛藤を味わったが、役職にこだわらず、ひとりのプレーヤーでいこうと割り切ってから、成果を出せるようになったという。その結果、全世界対象のマイクロソフトの社内表彰を受賞できるほどになったという。本書の中でも、シニアのサードエイジの働き方は、現場の第一線の仕事と適合性が高いことを述べてきた。中村氏は40代中盤から、プレーヤー型の働き方への自己調整を行ってきたことになる。

さらなる中村氏の転機は49歳の時だ。より自分らしい働き方を模索する中で、サイボウズへ転職したのだ。転職の判断の決め手は、サイボウズでは１００人いたら１００通りの働き方ができるからだったという。ところが、この転職では年収が低下してしまうことが問題だった。その解決策として、サイボウズ側から副業をしてはどうかという提案があったという。柔軟な働き方が可能なサイボウズでは、副業も容認されていたのだ。そこで中村氏は、週４日はサイボウズ、週１日はＩＴ業界の他社の仕事を行うことにした。つまり、中村氏が副業を始めたきっかけは意図せざるもので、偶然でもあったわけだ。

興味深いのは、中村氏の転機が49歳であることだ。本書でのシニアの定義は50歳以上であり、サードエイジが始まるあたりの時期とみなしている。そして伊能忠敬が隠居して天文学・暦学への道を歩み始めたのも49歳であった。中村氏の複業家としての歩みは、サードエイジの位置づけと重なっていたことになる。

その後、中村氏の複業には自営農業が加わることになる。もともと日本マイクロソフト在籍中から、妻の実家の農業を手伝っていたという。複業開始後に、サイボウズの顧客の要望もあり、ＩＴと農業を組み合わせた取り組みを複業として進めることになった。そのＩＴと農業の掛け合わせの取り組みについては、金銭的な報酬は高くないものの、様々な人から相談されたり、多様な人とつながったりする楽しさがあった。そこで中村氏が気がついたことは、複業には金銭的な報酬だけでなく、貢献感や展望感を通じて幸福を感じ取る効果があったということだった。つまり複業の報酬には金銭だけでなく、能力を発揮できること、人とつながることで得られる充実感という報酬が含まれていたのだ。これを中村氏は、複業によって、ありがとうの歯車を回すと表現する。

もともとは、金銭的な報酬の確保のために、偶然始まった複業だった。しかし、その取り組みを進める中で、中村氏は金銭だけではなく、人生の意義や目的をあらたに追求していくことができた。第3章で述べたとおり、ＳＳＴはサードエイジをうまく説明する理論であった。すなわちＳＳＴとは、シニアが自分にとって意義ある目的と親密な人との交流を重視することで、幸福を感じ取るという理論であった。複業家としての中村氏は、まさにＳＳＴを体現したのではないだろうか。

小さな仕事とシニア

『ほんとうの定年後』の分析に基づき、シニアにとって小さな仕事が、働き方の有力な選択肢になることを述べてきた。小さな仕事であるため、複数の小さな仕事を柔軟に組み合わせることも可能だろう。また、小さな仕事、たとえばギグワークやモザイク型就労は、シニアが、人生の中で豊富な経験やスキルを蓄積してきたからこそ、選択肢として適していることも指摘してきた。つまり小さな仕事だからといって、それまで蓄積した専門性を活かせないことはない。むしろ専門性を活かしたほうが、うまく小さな仕事を進めることができるともいえる。

ただし、オンライン・リモート副業の節で述べたとおり、年齢・地位・役職の上下にこだわり、プライドだけが高くなっている状態だと、小さな仕事にはうまく対応できない。中村氏もそうだったが、役職にこだわらず、第一線の現場のひとりのプレーヤーとして仕事を進めるという姿勢がうまくいくコツになろう。

ところで、ここで小さな仕事とは何か、その範囲について筆者の考えを述べておきたい。『ほんとうの定年後』の実態の分析は適確で、シニアにとっては小さな仕事が有力な選択肢であることに、筆者も異存はない。しかし同書が、小さな仕事とは主にノンデスクワークであり、現場仕事であると、狭く捉えていることには賛成できない。小さな仕事を狭く捉えすぎているため、同書では、シニアは役職こだわらないようになるだけなく、高い専門性にこだわらないようにすべきだとしている。

筆者は、シニアが役職にこだわらず、プレーヤーとしての第一線の仕事を重視することには賛成である。しかし専門性にはこだわってもいいと思っている。ここまで述べたように、シニアの蓄積した豊富な経験とスキルを棚卸すること、専門性を向上させていくことが、ギグワークやモザイク型就労にうまく対応できる鍵になるのだ。時間モザイク、空間モザイク、スキルモザイクという観点で、いつでもどこでも働ける仕事が増えていく状況では、そもそもデスクワークとノンデスクワークという観点で仕事を分類すること自体が実態に合わない。専門性にこだわって、これまでの経験とスキルを十分に活かして小さな仕事に取り組んでいくという選択肢があってもいいだろう。

本章をまとめると、以下が要点となる。

・シニアが働くべきかどうかという問いには、各人がその価値観や信念に従って、自由に選択すれば良い。

・シニアで働いている人の比率も、働き続けたいと希望する人の比率も高い。またシニアが働く理由は収入を得る目的が多いものの、それだけではなく多様化している。くわえて、収入のある仕事をしているシニアのほうが、生きがいを感じている比率が高い。

・働き方の選択肢は雇用だけ、会社員だけ、という考えに囚われず、フリーランスを選択肢にくわえることはシニアにとって意義深い。

・モザイク型就労が進んでいくと、フルタイムで働く従来型の現職継続、転職、起業、フリーランスにくわえて、モザイク型の現職継続、転職、起業、フリーランスという選択肢が誕生する。また、モザイク型現職継続＋モザイク型フリーランス、モザイク型転職＋モザイク型フリーランスなどの組み合わせ可能になる。

・スキルシェアサービスは、シニアが保有するスキルを、気軽に社会に提供していくきっかけになる可能性を有している。

・地域のモザイク型就労の取り組みは、シニアの選択肢として、スキルシェアサービスとは違った意義がある。スキルシェアサービスの場合は、シニア個人がまず自分のスキルを出品し、それが日本全国からマッチングされる。他方、地域のモザイク型就労は地域事業者の提示した業務にシニア個人が応募する。

・副業フリーランスという働き方は、コロナ禍でオンライン・リモートによる働き方が一般化したことで、さらに広がりを見せている。

・新しい自営、つまり現代的百姓は、ギグワークやモザイク型就労とも相まって、都市部も含めた日本全国で一般化し、シニアにとって当たり前の働き方になっていく可能性を秘めている。

・複業には金銭的な報酬だけでなく、貢献感や展望感を通じて幸福を感じ取る効果があった。

・専門性にこだわって、これまでの経験とスキルを十分に活かして小さな仕事に取り組んでいくという選択肢があってもよい。

第7章

シニアへの越境学習のススメ

シニアにとって、ジョブ・クラフティングをSSTとSOC理論に組み合わせる有効性について述べてきた。また、モザイク型就労が進んでいくと、フルタイムで働く従来型の現職継続、転職、起業、フリーランスにくわえて、モザイク型の現職継続、転職、起業、フリーランスという選択肢が誕生する。それによって、モザイク型現職継続＋モザイク型フリーランス、モザイク型転職＋モザイク型フリーランスなどが組み合わせ可能になる。

ところが、年齢・地位・役職の上下にこだわり、指示ばかりして現場の仕事に手足を動かさず、プライドが高くなっている状態だと、オンライン＋リモート副業はうまくいかない。となれば、仕事を組み合わせることも難しくなってしまう。シニアにとっては、役職にこだわらず、第一線の現場のひとりのプレーヤーとして仕事を進めるという姿勢がうまくいくコツのようだ。しかしひとりのプレーヤーとして仕事を進めるという姿勢には、葛藤しながら自己調整する経験も必要だった。そうした経験を積むこと自体が、簡単ではないかもしれない。

そこでお勧めしたい考え方が、越境学習だ。筆者は、定年前と定年後に越境学習を経験することが、シニアが働き方思考を獲得していくきっかけになると考えている。そこで本章では、越境学習について述べていきたい。

越境学習とは何か

越境学習とはどのようなものか。**図表7-1**（次ページ）をご覧いただきたい。越境学習とは境界を越えて学ぶ、という言葉の意味だ。では境界とは何かというと、自分が心の中でホームと感じている場とアウェイと感じている場の境界である。

ホームとは、自分にとってなじみがあり、居心地のよい場だ。しかし、刺激に欠ける。具体的には、シニアが当たり前のように感じている自分の組織、職場などが該当する。そこでは、これまでの経験や常識に囚われやすい。たとえば、その組織における年齢・地位・役職の上下に執着してしまう場かもしれない。

他方、アウェイとはなじみがなく、そこには見知らぬ人々がいて、居心地が悪い場である。慣れ親しんだ社内用語も通じない。そのかわり刺激に満ち、これまでの経験や常識が通用しないからこそ、自分の固定観念を打破することもできる。越境学習とは、こうしたホームとアウェイを行き来することで刺激を受けて学ぶことを意味する。

ではは越境学習はなぜシニアにとって有効なのか。筆者は3つの理由があると考える。第1に、アウェイで自分にとって意義ある目的を見つけやすくなる、ということだ。ジョブ・ク

図表7-1　越境学習の定義（ホームとアウェイの往還）

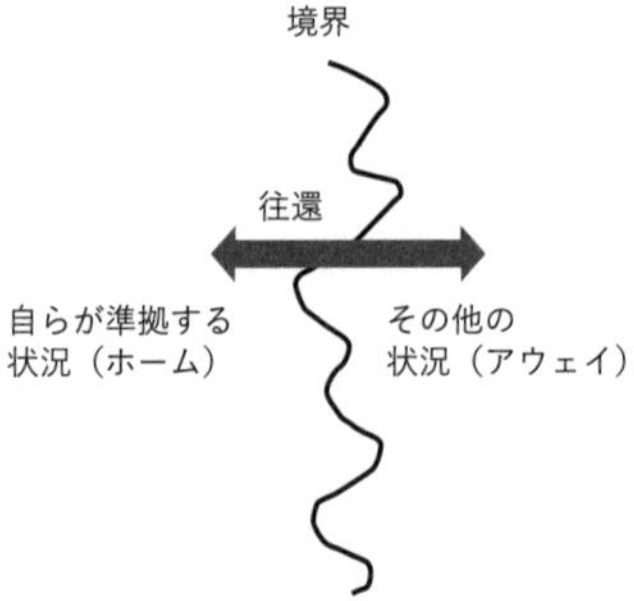

出所）石山恒貴・伊達洋駆（2022）『越境学習入門　組織を強くする冒険人材の育て方』日本能率協会マネジメントセンター, p.29, 図表1-1.

ラフティングをＳＳＴとＳＯＣ理論に組み合わせるためには、自分にとって意義ある目的を特定することが重要だった。しかし長年、慣れ親しんだホームに居続けると、その組織で求められることが自分にとって当たり前になる。その結果、組織においてやるべきことだけを考え、自分にとって意義あることを意識しなくなってしまうかもしれない。第４章で述べた、転職相談に来ているのに、やりたいことなど不要だと答えるシニア社員のような状況だ。

　他方、アウェイではいつもと違う経験ができ、多様な人々と交流することができる。筆者が越境学習者にインタビューをしたところ、自分にとっての棚卸ができたと述べる人が多かった。異なる経験、多様な人々との交流を通して、組織でやるべきことへの執着から解き放たれ、自分の情熱・動機・強みに気がついていくのだ。その結果、ジョブ・クラフティングをSSTとSOC理論に組み合わせるために必要な、自分にとっての意義ある目的を見出すことができるようになる。

第2の理由は、アウェイの場で多世代かつ多様な人々と対話をすることによって、年齢・地位・役職の上下にこだわらないコミュニケーションができるようになることだ。アウェイの具体的な事例は後に述べるが、階層を重んじる文化のある組織とは異なり、多世代の人々が年齢や地位など気にせず、楽しんで会話していることが多い。そのような雰囲気で、年齢や地位にこだわった話し方をするのは無粋なことだ。アウェイでは、ホームのように年齢や地位を考慮したうえでの会話をしてもらえないことに戸惑うシニアがいることも事実だ。だが筆者は、それは慣れの問題だと思う。ホームにいることが長ければ、そのコミュニケーションスタイルが自分の前提であるかのように思ってしまうのは、当然のことだろう。ただ同時に誰にとっても、くつろいだ話し方を心地よく感じる面はあるだろう。筆者が見る限り、アウェイの年齢や地位にこだわらないコミュニケーションスタイルに適応していくシニアは多い。

第3の理由は、アウェイで葛藤を経験し自己調整できるということだ。第3章では、定年再雇用者の自己調整について述べた。それは高い給与、昇進というマッチョイズムだけに固執しない自己調整だった。また第6章の中村氏の事例では、第一線の現場のひとりのプレーヤーとして仕事を進めるという姿勢への自己調整が示されていた。いずれの例でも、自己調整には葛藤が伴っていた。

これらの事例は、ホームで味わう葛藤である。シニアが自己調整していくには、ホームで真正面から葛藤を受け止めることも重要だろう。ただし、その際の受け止めはかなり深刻であり、荷が重いことも想像がつく。ホームは日常を過ごす場であり、長い期間を共にする仲間たちもいる。そうした状況での自己調整は、場合によっては受け止めきれないほどの重荷になってしまうかもしれない。

それならば、アウェイという場で葛藤を経験し自己調整するという選択肢があってもいいのではないか、ということが筆者の提案である。アウェイは出入り自由なことが多い。それだけに、気楽に失敗できる。もしアウェイで失敗し気まずいと感じたら、そこに行くことをやめるという選択をしてもいい。ある意味、ホームより気楽な気持ちで、普段はできない葛藤に向き合ってもいいのではないだろうか。それによって、シニアがいつの間にかホームでも自己調整できていた、という状況が発生するかもしれない。

人生の4つのワーク

では具体的にアウェイとはどのような場か、チャールズ・ハンディの人生の4つのワークに基づき、説明していきたい。[*107] **図表7-2**（次ページ）をご覧いただきたい。前にも述べたとおり、ハンディは生涯の活動時期が長期化したことから、サードエイジの意義を指摘している。現代におけるサードエイジを、活動的なワークから撤退して余生を過ごす時期と考えることはもったいない。そこでハンディは、サードエイジにおいては4つのワークを組み合わせることが望ましいと考えた。

ここでハンディのいうワークとは、人生の役割と考えるとわかりやすいだろう。4つのワークとはそれぞれ、賃金を得るための活動である「有給ワーク」、家庭の様々な活動を行う「家庭ワーク」、社会や地域に貢献（ギフト）する「ギフトワーク」、多種多様な学習活動を行う「学習ワーク」である。

セカンドエイジは、人生において努力を傾注する時期であった。おそらくこの時期は、有

図表7-2　人生の4つのワーク

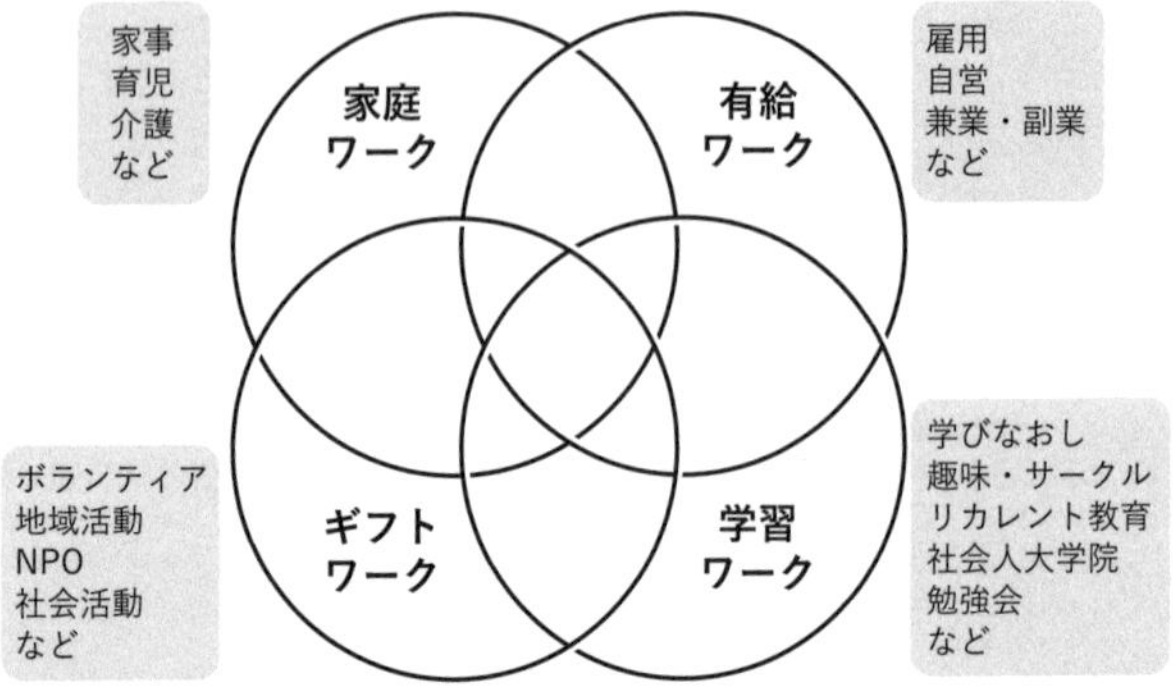

出所）チャールズ・ハンディ、小林薫訳（1995）『パラドックスの時代　大転換期の意識革命』ジャパンタイムズに基づき筆者作成

給ワークもしくは家庭ワークに努力を傾注する人が多いだろう。もちろん、そのうえで、ギフトワーク、学習ワークに取り組むことも可能である。

　これがサードエイジになると、もっと4つのワークを柔軟に組み合わせることが容易になってくる。これまで述べてきたとおり、有給ワークの中だけでも、副業、ギグワーク、モザイク型就労などを組み合わせることが可能である。また、定年再雇用者の自己調整においては、職場には深入りせず、家庭生活や地域生活の比重を増やす姿勢があった。そのため、家庭ワーク、ギフトワーク、学習ワークに費やす時間が増える傾向が強まると想像できる。

では、ギフトワークの具体例はどんなものかといえば、ボランティア活動、プロボノ（自分のスキルを活かして行うボランティア）、ＮＰＯ活動、地域における様々なコミュニティ活動（コミュニティカフェ、こども食堂、町内会・自治会、マンションの理事会、消防団、ＰＴＡなど）といった、多種多様な場をあげることができる。学習ワークについても、大学・大学院、勉強会、読書会、市民大学、趣味・サークル、資格取得のスクール、カルチャーセンター、生涯学習プラザなど多種多様な場がある。

越境学習におけるアウェイの場とは、この４つのワークの例の中で、自分がアウェイと感じられる場はすべからく該当する。シニアにとって、越境学習の機会は幅広く存在する。

シニアの社会活動への参加の実態

ではシニアはどの程度、アウェイの場に参加しているのだろうか。『令和４年版高齢社会白書』[*108]では、シニアの社会活動の実態を調査している。ここでいう社会活動は、ギフトワークと学習ワークに重なる部分が多いと考えられる。

65歳以上のシニアで、１年間で社会活動に参加したことがある人の割合は、51・６％であった。内訳としては「健康・スポーツ」27・７％、「趣味」14・８％、「地域行事」13・２％、「生活環境改善」10・１％など、となっている。

生きがいを感じている人の割合は、社会活動に参加した人が84・７％、参加していない人は61・７％であり、参加した人のほうが感じている割合が高い。社会活動に参加して良かったと思うことの項目は、「生活に充実感ができた」48・８％、「新しい友人を得ることができた」39・１％、「健康や体力に自信がついた」34・６％、「地域社会に貢献できた」32・４％など、となっている。

シニアの社会活動への参加は、スポーツや趣味が多く、また地域との関係が深い。身近な範囲での参加が多いようだ。そして生きがいなど、何らかの肯定的な効果があるようだ。

自走力（ＰＥＤＡＬ行動）を越境学習で醸成する

シニアの越境学習を進めるにあたり、そのコツとして参考になる考え方が、自走力（ＰＥＤＡＬ行動）である。自走力とは、前出の筆者とパーソル総合研究所の調査（この分析は40-60代のミドル・シニア４７００名が対象[*109]）により特定した行動だ。この調査では、組織内において活躍しているミドル・シニアはどのような行動をとっているかについて、探索的に分析した。その結果５つの行動が特定され、その英語の頭文字からＰＥＤＡＬ行動と命名した。ＰＥＤＡＬという名前には、自転車のペダルを漕ぐように、ミドル・シニア期を自らの力で自走していこうという意味が込められている。

５つの行動とは次のとおりである。Proactive（まずやってみる）、Explore（仕事を意味づける）、Diversity（年下とうまくやる）、Associate（居場所をつくる）、Learn（学びを活かす）。この調査では、ＰＥＤＡＬ行動を実践している40代〜60代のミドル・シニアは、仕事上の成果を発揮していることが明らかになった。

ＰＥＤＡＬ行動の内容を詳しく見てみると、実はジョブ・クラフティングと関係がある。まずExplore（仕事を意味づける）であるが、この内容は自分の興味・関心と仕事の意義を結びつけることであった。つまり、認知クラフティングに該当する。

次にDiversity（年下とうまくやる）とは、年下のみならず、年齢にこだわりなく多様な人々と仕事を進めることができるという行動を意味する。Associate（居場所をつくる）とは、自分が人間関係のハブになり、他者同士のコミュニケーションを促進するという行動を意味する。実は、この２つの行動は、仕事上での他者との関係性を変えていくことを意味するので、関係クラフティングに該当する。

そして、Proactive（まずやってみる）とは、仕事上で従来の延長性上にない、新しい取り組みに挑戦する行動を意味する。これは新しいタスクに挑戦するということであり、タスククラフティングに該当する。

Learn（学びを活かす）は、ジョブ・クラフティング自体にはあてはまらない。この行動は経験を振り返り、次に活かしていくことを意味する。いわば、ジョブ・クラフティングとしての４つの行動の基盤となる役割を果たしているといえよう。つまりＰＥＤＡＬ行動を特定したということは、ミドル・シニアが仕事を進めるうえで、ジョブ・クラフティングが有効だったことを確認したことになる。くわえて、ジョブ・クラフティングの中でも、ミドル・シニアにとってはどのような行動が有効であるのかを具体的に示したことにもなる。

ここまで説明したとおり、ＰＥＤＡＬ行動はホームである自組織の中でどのように行動すればいいのかを示したものだった。ところが筆者は、シニアにとってＰＥＤＡＬ行動はアウェイ、つまり越境学習でも有効であることを指摘したい。

越境学習が有効である第１の理由は、アウェイで自分にとって意義ある目的を見つけやすくなるということだった。これについては、Explore（仕事を意味づける）が役に立つ。アウェイで普段とは違う様々な活動をしている時に、それらの活動を通して自分の興味・関心と仕事の意義を結びつけていけばいいのだ。

越境学習が有効である第2の理由は、年齢・地位・役職の上下にこだわらないコミュニケーションができるようになることだった。これについては、Diversity（年下とうまくやる）とAssociate（居場所をつくる）があてはまる。アウェイで多世代かつ多様な人々と接する時に、年齢にこだわりなく対話することを心がけ、かつ、自分が人間関係のハブになり他者同士のコミュニケーションを促進すればいいのだ。

越境学習が有効である第3の理由は、アウェイで葛藤を経験し自己調整できるということだった。これについては、Proactive（まずやってみる）とLearn（学びを活かす）があてはまる。アウェイで、ホームではできないような新しい取り組みに挑戦してみればいい。それによって葛藤も経験するだろう。そしてその葛藤を振り返り、次に活かしていけば、自己調整につながっていくだろう。

このようにＰＥＤＡＬ行動はアウェイにおけるシニアの取り組みの手がかりやヒントになる考え方なのである。

市民大学：はちおうじ志民塾の事例

それでは、いよいよシニアの越境学習の事例をいくつか紹介してみたい。最初の事例は、市民大学のひとつである、はちおうじ志民塾だ。市民大学とは学校教育法に基づく正式な学校ではなく、地域で行政、もしくは市民有志がその地域の住民に行う体系的な講座を意味する。地域では、シニア向けに行政が講座を開設しているという類型の市民大学が珍しくない。はちおうじ志民塾はそのひとつである。具体的には八王子市が、ＮＰＯである八王子市民活動協議会に委託して運営している。[*110]

はちおうじ志民塾について当研究室のゼミ修了生の橋本直人さんの修士論文[*111]の研究に基づき、紹介してきたい。橋本さんは、はちおうじ志民塾の卒塾発表会、卒塾式を観察し、また卒塾生６名にインタビューして調査した。

橋本さんが観察した２０１９年のはちおうじ志民塾は、第11期であった。９月から２月まで約半年間、週１回のペースで16回の講座が開催された。第11期生は22名卒塾した。塾のテーマは、「自分自身を知る」「八王子を知る」「市民活動を知る」という３つのテーマで構成されていた。はちおうじ志民塾の募集対象者は、これから定年を迎える、またはすでに定年を迎えた概ね50歳以上のシニアになっている。

橋本さんがはちおうじ志民塾に興味をもった理由は、卒塾生の活動実績だ。10期までの実績として卒塾生は２２４名。そのうち、町会17名、ＮＰＯ１０１名、市政６名、起業７名の計１３１名（２２４名中の66・１％）が、卒塾後に何らかの地域活動に参加していた。なぜこれほど多くの卒塾生が地域活動に参加しているのか。橋本さんは、自身の将来の定年に備え、どうしてもその理由が知りたかったのだそうだ。

はちおうじ志民塾に参加するシニアはどのような人々だろうか。実は地域に興味はあるが、地域活動には参加していない人が多数派だという。そうした人々は、現役時代には都心に通勤し、八王子は家に帰って寝るだけの場所にすぎなかった。そして地元の人とのつながりも希薄であり、そもそも地元の特徴にすら無関心だったという。ところが定年の前もしくは後の状態になって、これからの自分の居場所がほしい、地元を知り、さらには貢献してみたいと参加するようになるという。

このような意味では、はちおうじ志民塾に参加するのは等身大のシニアかもしれない。

現役時代から特別な活動をしてきたわけではない。定年というきっかけで、初めて今後のことを考えたわけだ。その時点であっても、はちおうじ志民塾に参加すれば、人生の転機を活かすことができるということになる。

志民塾マジック

では、橋本さんが知りたかったはちおうじ志民塾の秘密は何だったのか。それは塾生が次々に口にする「志民塾マジック」という言葉にあった。参加者は塾の参加前には思いもよらなかった、自身に起こった「心境の変化」「価値観の変化」への驚きの表現として、この言葉を使うのだ。

「心境の変化」「価値観の変化」とはどのようなものか。それは、今までは寝るだけの場所だと思っていた地域に興味が湧き、積極的に活動したいと思い、それができるという自信を持つことができた、という変化であった。志民塾マジックによる心境の変化は、次のように表現されていた。「地域愛が高まり地域活動へのモチベーションアップにつながる」「消極的な自分への決別」「自分のやりたいことが見つかった」。そのうえで、自分のやりたいことに、いい意味でわがままでいようという心境の変化に至った人もいた。定年退職後は「利己主義」「自分のためだけの自己実現」でいいと考え、その結果「これまでの人生で今が一番輝いている」と思うようになったのである。

では、なぜこのような「心境の変化」「価値観の変化」が生じるのだろうか。卒塾生が指摘する理由は2点である。第1に、カリキュラムにおいて今まで知らなかった地域活動の詳細を知ることができること。第2に、その地域活動について、志民塾に集まる多様な塾生とグループ討議で交流できること。志民塾における効果とは、人の出会いが一番で、若い人たちやこれまでと違う職種の人々の考えや新しい価値観を知り共感することができ、今までとは違う感覚を味わうことができると塾生たちは指摘する。

志民塾マジックは、ＳＳＴ、ＳＯＣ理論、およびジョブ・クラフティングによって説明することができよう。ＳＳＴとＳＯＣ理論では、まず人生の意義ある目的を絞り込む。地域活動というやりたいことが見つかることは、これにあたる。ＳＯＣ理論では最適化と補償で他者の模倣をするが、これは志民塾で他者に共感し、それを参考にしようとする部分に該当するだろう。さらにＳＳＴでは、シニアは自分にとって意義ある目的と親密な人との交流を重視することで幸福を感じ取っていた。「これまでの人生で今が一番輝いている」という心境はこれにあたるだろう。くわえて志民塾のグループ討議でそれまでと異なる多様な人々と交流することとは、関係クラフティングに該当する。

志民塾マジックを子細に見ると、エイジング・パラドックスは不思議でないように思えてくる。シニアはこのような機会を得ることで、幸福感を覚えていくのではないだろうか。ただし、シニア向けの講座をただ実施すればいいというものではない。シニアだけを囲い込み、シニアが「高齢者らしい」「老人にふさわしい」役割を演じるように教え込むような、エイジズムを誘発するシニア向け講座が多いという指摘もある。[*112] 志民塾のように、シニアが主体的に変わっていくことができる存在という信頼を基盤として、カリキュラムが構成されていることが重要だろう。

八王子市市民活動支援センターの事例

八王子市で、シニアの市民活動が盛んであることはたしかだろう。筆者自身も、八王子市市民活動支援センターのスタッフである簾野貞夫氏と堤直樹氏にご縁があり、地域活動を行っている方々向けのワークショップを複数回担当している。

筆者は簾野氏とかつて同じ会社で勤務をしていて、２０００年前後にキャリア支援施策を一緒に担当した。簾野氏は当時、本部長という立場であったが、その後、社内のキャリアアドバイザーというひとりのプレーヤーの立場に転身された。この時に中村龍太氏と同様に、プレーヤー型という働き方への自己調整があったのではないかと筆者は想像している。

堤氏については民間企業を定年退職後、土地勘がなく知り合いもいない八王子に移住してきた。そこで、八王子になんとかなじみたいと手当たり次第に情報収集して、たどり着いたところが八王子市市民活動支援センターだったそうだ。そして２人とも、70代になった今でも第一線で活躍している。

八王子市には、ＮＰＯをはじめとした数多くの市民団体がある。八王子市市民活動支援センターはそれらの団体のハブとなる施設であり、人・物・資金・情報発信などの面から市民団体運営基盤の強化の支援を行っている。[*113]

簾野氏と堤氏が注力してきたのは、プロボノ活動である。プロボノとはラテン語が語源であり、公共善のために自分のスキルや専門性を活かして行うボランティア活動を意味する。簾野氏と堤氏は、プロボノの中間支援団体の最大手である認定ＮＰＯ法人サービスグラントと連携しつつ、活動を推進してきた。[*114]

２人が情熱をもって八王子でのプロボノ活動を進めるのは、次のような理由による。まずプロボノ参加者（プロボノワーカー）は、社会貢献の実感で自己効力感（自分は、何かをやることができるという感覚）を得ることができる。現役時代のプロボノワーカーにとっては、サードエイジの地域活動参画への助走になるとともに、その体験が所属組織の業務に活きるということもある。また、支援する市民団体からの刺激を受け、それが自己理解につながる。

定年後のプロボノワーカーにとっては、地域社会とのつながりを構築することができる。また自分の専門スキル以外に、コミュニケーションスキル、コンセプチュアル（概念化）スキルの重要性に気づくという学び直しの効果がある。

八王子市市民活動支援センターのプロボノでは、現役世代から70代のプロボノワーカーまで、年齢に関係なく同じ立場で自由に発言しているという。２人は、このような雰囲気によって、プロボノにおいては個人の尊重、多様性理解の場がおのずと作り上げられていると感じている。

２人が今後のプロボノ活動の課題と考えていることは、次のとおりである。第１に、八王子市市民活動支援センターのプロボノはシニア層が中心のため、もっと現役世代、学生の参加を増やしていきたいということ。第２に、市民団体が抱える課題はＩＴ（情報通信技術）、ホームページやＳＮＳによる発信、そのほかの広報関係、経理関係が多い。そのため、これらの専門性やスキルを持つプロボノワーカーには繰り返し参加してほしい。ところが、現段階のプロボノは、無償ボランティア（ただし、交通費実費支給、会議室無料、コピー代無料の扱い）である。時代の流れは有償ボランティアへと変わりつつもあるが、上記の専門性やスキルをもつプロボノワーカーに継続的に参加動機を持ってもらうためには、工夫が必要ということだ。

２人が指摘する、プロボノは多世代が対等な立場で発言し、そのような刺激でコミュニケーションスキル、コンセプチュアル（概念化）スキルが醸成されるという点。これはＰＥＤＡＬ行動のDiversity（年下とうまくやる）とAssociate（居場所をつくる）によって、シニアが年齢・地位・役職の上下にこだわらないコミュニケーションができるようになることに、ぴたりとあてはまるだろう。

八王子でのワールドカフェ

２０２２年10月21日に、筆者は簾野氏と堤氏と連携して、八王子市の市民団体の関係者向けに、プロボノについて考えるワールドカフェを行った。ワールドカフェとは、カフェのような雰囲気をつくり、忌憚なく参加者同士が意見交換できるワークショップの実施形式のことだ。

まず筆者の印象に残ったのは、ワールドカフェに先だって行われたプロボノの事例紹介だった。元本郷お助け隊のチラシ作成支援の事例である。[*115] 元本郷お助け隊とは、八王子市元本郷町で、その地域に住むシニア（主に一人暮らし）のちょっとした困りごとに対応している市民団体（社会福祉法人武蔵野会が母体）である。たとえば目覚まし時計の乾電池を交換する、鍵をなくして家に入れなくなってしまった人の世話をする、など業者などには頼みにくい些細な困りごとが対象となる。5分100円などの低価格の報酬を設定することで、気楽にシニアが支援を依頼できる工夫もしている。

事例発表を聞いていて、筆者はこうした取り組みの長所は、支援・被支援という立場の差がないところにあると感じた。お助け隊のメンバーが困りごとに対応すると、そのメンバー自身が依頼者にお礼されることで喜びを感じ、役に立ったという実感を得ることができる。また、こうしたちょっとした困りごとへの対応であれば、誰でも気楽に参加することができる。

全国各地で社会福祉協議会などが窓口となっている、このようなちょっとした生活支援の取り組みは多いと思う。問題は、こうした取り組みの周知がまだまだ足りないところにある

2022年10月の八王子市市民活動支援センター主催のワールドカフェ

だろう。本来なら気軽な地域活動として参加したいシニアもいると思われるが、取り組みの存在が知られなければ参加者の増加につながらない。元本郷お助け隊に対する八王子市市民活動支援センターのプロボノでも、プロボノワーカーは取り組みを周知するチラシ作成に関わっていた。この事例では、プロボノでチラシを作り直す過程で、元本郷お助け隊自身が活動のあり方を考え直すきっかけになったということだった。そうした意味では、意義深いプロボノ事例であったといえよう。

　ワールドカフェにおいても、市民活動やプロボノをいかに周知するかという点が議論の中心となった。市民活動やプロボノをする人たち自身は楽しんでやっていて、充実感もある。さらに、市民活動やプロボノに潜在的に関心があるシニアも多いようだ。ところがうまく周知がなされない、あるいはちょっとお試しできる仕組みがないため、参加者の広がりがないという点が一番の課題であることが浮き彫りになった。

なお、堤氏はプロボノをただ広げればいいというものではなく、市民団体とプロボノワーカーがプロボノの意義・理念を理解しつつ、双方が高めあおうとする姿勢を持つことが重要だと感じている。こうした点も含めて、ワールドカフェの議論で参加者はそれぞれ、プロボノに関する総合的な取り組みの必要性への理解を深めたと思われる。

議論の中で筆者が印象的だったのは、市民活動やプロボノにおけるメンバーの入れ替わり、継承の問題である。市民活動では地域の身近な課題に、有益な取り組みをしている。ただそれだけに、各団体は小規模で、中心メンバーが引退してしまうと継承できずに活動が消滅してしまうことがある。この問題に対してワールドカフェで出た意見は、継承しなくてもいいじゃないか、ということだった。団体の継承自体を目的とする必要はない。たとえばシニアの中でも、これから活動に取り組む若い新しい世代が、自分の好きなように地域活動をすればいいというのだ。そうであれば、プロボノにおいても団体の継承支援ではなく、団体の立ち上げ支援に注力すればいいという意見だった。

この意見には、筆者は目からうろこが落ちた思いだった。情熱をもって地域活動に取り組んでいるシニアが、その継承にこだわらないという柔軟な考えを持っていたのだ。そうなると、新しく地域活動を考えるシニアは、より自分にとっての意義ある目的に合わせた活動ができる可能性が広がるかもしれない。地域活動のような越境学習に取り組む人々の対話は様々な気づきをもたらすという点で、やはり価値があると感じた出来事だった。

川崎プロボノ部：吉田純一郎氏の事例

八王子市に続き、川崎市の事例を紹介したい。川崎市においても、川崎プロボノ部という市民のプロボノ活動を促進する取り組みがある。[*116] 川崎市のプロボノ関係の取り組みは２０１５年から行われている。その当時は、前出のサービスグラントが運営を担当していた。２０２３年現在は、かわさき市民しきんが運営を担当している。[*117]

実は筆者は、川崎市民である。２０１５年に川崎市が企画したプロボノセミナー[*118]には、一市民として参加した。また過去には、近所のコンビニエンスストアのチラシ置き場に川崎プロボノ部のチラシを見つけて、嬉しくなったこともあった。

川崎プロボノ部については、吉田純一郎氏の事例によって紹介していきたい[*119]。吉田氏は大手メーカーに勤務し、技術部門を経て、知財法務、企画等の部門で業務に携わってきた。大手メーカーの仕事に注力してきた吉田氏であったが、50代半ば頃から、定年後のことが気にかかるようになった。定年後に地域社会になじめないという人を見聞きしたこともあったという。そこで思い切って川崎プロボノ部に参加してみたということだった。実際に参加してみると、活動に要する時間は週で5～10時間程度だった。隙間時間にZoomなどオンラインツールを使うこともできる。会社とは無理なく両立できることを実感した。

実は吉田氏は40代の頃から、異業種交流会、人事系のセミナー、コーチングスクールなど多様な越境学習に参加していた。その多様な人々との出会いの中で、会議のファシリテーションの巧みさを指摘されることがあったという。会社ではそんなスキルは当たり前のことと思い込んでいた吉田氏だったが、越境学習をすることでそれが自分の強みだと再認識した。そこで川崎プロボノ部でも、ホワイトボードや模造紙を活用し、プロボノプロジェクトの議論を見える化することを心がけたという。これが、様々な局面で大いに役立った。結果として、川崎の多様な人々とつながることができた。定年後も、地域に気楽に溶け込めるという自信がついたという。

吉田氏が感じるプロボノの魅力は、2点ある。第1は多世代と対等な立場で交流し、会社では出会えなかった多様な価値観を知ることができるということだ。これは、八王子の簱野氏と同じ指摘事項である。

第2に、自らの強みを再認識できることだ。吉田氏自身にとっては、それは会議のファシリテーションだった。ところが定年前のシニアは、自分に会社以外で通用するスキルなどない、と考えていることが多いという。しかしプロボノにおいて、シニアは調整力やコミュニケーション力を活かして活躍できることが多いという。

吉田氏自身、プロボノではプロジェクトマネージャーとしての強みを再認識したという。プロボノでは、最初の1～2か月でプロジェクトを軌道に乗せることが肝要だ。そのためには多様な立場を持つメンバーの強みや苦手領域、本業の負荷を把握し、チームづくりをしていくことが必要になる。こうしたプロジェクトマネージャーの強みを意識的に使うことで、さらにそのスキルは向上したという。

吉田氏は、自身の経験から、シニア世代にもっとプロボノに参加してほしいと考えている。シニアの経験とスキルをプロボノで活かす余地は大きい。それが自己の強みの再発見にもなり、その後の人生に役立つという。吉田氏自身、川崎プロボノ部にはまってしまい、高齢者支援団体の広報活動支援、産休・育休中の人をサポートする団体の運営体制構築、古着をアップサイクルする団体の広報活動支援など様々なプロジェクトを行った後、川崎プロボノ部の企画・運営を担当するようになった。

シニアの越境学習の効果として、自分にとっての棚卸ができることを前に述べた。異なる経験、多様な人々の交流を通して、自分の情熱・動機・強みに気がつくことができるのだ。吉田氏の事例は、これにあてはまるだろう。そして吉田氏の行動は、PEDAL行動のProactive（まずやってみる）とLearn（学びを活かす）に該当する。プロボノで、会社の仕事とは違う新しい取り組みに挑戦した。それをLearn（学びを活かす）によって振り返り、自己の強みを再認識した。吉田氏の事例は、シニアの越境学習の進め方において、参考になるべきものといえる。

前出の八王子のワールドカフェでは、筆者は吉田氏に川崎プロボノ部の活動紹介を依頼させていただいた。自治体の枠を超えたプロボノ活動が広がっていけば、さらにシニアの活躍の余地は大きくなるだろう。

合同会社アットキャリア：市川慶輔氏の事例

本章の最後として、定年前からの越境学習が、連続的に定年後の働き方につながった市川慶輔氏の事例を紹介したい。市川氏は住宅総合機器メーカーにおいて、商品開発部門、品質保証部門、販売部門での技術員など、様々な勤務を経験してきた。

転機は52歳の時だった。人事部門のマネージャーに異動したのだ。そして、そのタイミングで東日本大震災が起こった。市川氏は被災地に赴き、社員の状況を詳しく確認することにした。厳しい状況にある社員たちから本音の意見を聞いている中で、市川氏の中ではある思いが湧き上がってきた。これまでも、人事部のマネージャーとして社員の気持ちには十分配慮してきたつもりだった。しかし実は、社員と本音ベースで対話し、本当の気持ちを語ってもらうところまでは至っていなかったのではないか。市川氏は、この思いを大切にしたい、さらに自身の人生を見直したい、と考えるようになった。

そこで市川氏が取り組んだことが、キャリアコンサルタント（当時の名称はキャリアカウンセラー、その後にキャリアコンサルタントという名称で国家資格化された）の資格取得であった。キャリアコンサルタントの学びを深めることで、もっと社員と本音ベースで対話できるのではないかと考えたのだ。その結果、めでたく53歳で資格取得することができた。

次に市川氏が目指したことは、社内にキャリア相談室をつくることだった。それによって、個々のキャリアコンサルタントの力量だけに左右されない、体系的な社員へのキャリア支援ができると考えたのだ。当時、キャリア相談室の設置に取り組んでいた先進企業が現れ始めていた。市川氏は、そうした先進企業の担当者を含めた社外の多様な人々と、キャリア相談室の設置に向け交流を深めていった。しかし残念なことにキャリア相談室の設置は、会社の方針により実現しなかった。

こうした経緯に市川氏は挫折を感じたものの、社外の多様な人脈を獲得したこと自体は前向きに捉えた。そして、キャリアコンサルタントに関連したスキルの習得に関心を高めていった。その結果、ファシリテーションスキルやコーチングなどの学びが進んでいくことになった。こうしたキャリアコンサルタント、ファシリテーションスキル、コーチングなどの学び、社外の多様な人々との交流は、越境学習そのものといえよう。

その後、さらに転機が訪れる。公益財団法人である北九州活性化協議会に在籍出向することになったのだ。市川氏にとって福岡は、高校までの時期を過ごした地元であった。この出向により、地元の様々な企業や団体、そして大学との交流が進み、地域への関心が高まる。

その結果、市川氏は、産学官民が連携した多世代対象のキャリア開発の仕組みの構築に取り組むことができた。越境学習で獲得したスキルが、充実した仕事に結実したのだ。

市川氏は自然と、キャリアコンサルティングを世の中に伝えたい、広げたいという強い思いを抱くようになった。当初は、ボランティアでの活動を行っていた。その後、定年後の働き方を考え、企業に在籍のまま、仲間と一緒に57歳で合同会社アットキャリア（@CAREER,LLC）[*120]を設立した。アットキャリアの活動は、九州にとどまらず、全国で多彩に展開されることになった。

60歳になった時は、もちろん定年再雇用を選択することもできた。しかし市川氏はアットキャリアで十分活躍できると考え、再雇用は選択しなかった。今では、アットキャリアでの市川氏の活動はさらに拡大している。企業や大学、個人を対象としたキャリアコンサルティングやコーチングの実施。中小企業を対象とした人事戦略のコンサルティング、コミュニケーション研修、チームビルディング研修などの実施である。

市川氏については、定年前から定年後まで連続的に越境学習を行い、ＳＳＴとＳＯＣ理論における人生の意義としてキャリアコンサルティングを見出した好事例に位置づけることができよう。

その発端は、対話によって社員一人ひとりと真摯に向き合い、「元気に、そしていきいきと活躍できる環境創り」を目的としたキャリア相談室を会社につくり貢献しようとしたことにある。本業への貢献を考え、愚直に越境学習を継続したことが、結果的に自身のキャリアの発展にもつながったのである。

本章では、越境学習の考え方と事例を紹介してきた。まとめると、以下が要点となる。

・越境学習とは、ホームとアウェイを行き来することで刺激を受けて学ぶこと。
・越境学習の効果は第1に、アウェイで自分にとって意義ある目的を見つけやすくなる、ということ。
・第2に、アウェイの場で多世代かつ多様な人々と対話をすることによって、年齢・地位・役職の上下にこだわらないコミュニケーションができるようになること。
・第3に、アウェイで葛藤を経験し自己調整できるということ。
・越境学習におけるアウェイの場とは、4つのワークの例の中で、自分がアウェイと感じられる場はすべからく該当する。

・志民塾マジックは、ＳＳＴ、ＳＯＣ理論、およびジョブ・クラフティングによって説明することができる。

・簱野氏が指摘する、プロボノは多世代が対等な立場で発言し、そのような刺激でコミュニケーションスキル、コンセプチュアル（概念化）スキルが醸成されるという点は、ＰＥＤＡＬ行動のDiversity（年下とうまくやる）とAssociate（居場所をつくる）によって、シニアが年齢・地位・役職の上下にこだわらないコミュニケーションができるようになることに、あてはまる。

・情熱をもって地域活動に取り組んでいるシニアが、その継承にこだわらないという柔軟な考えを持つと、新しく地域活動を考えるシニアが、より自分にとっての意義ある目的に合わせた活動ができる可能性が広がる。

・吉田氏の行動は、異なる経験、多様な人々の交流を通して、自分の情熱・動機・強みに気がつくことにあてはまる。また、ＰＥＤＡＬ行動のProactive（まずやってみる）とLearn（学びを活かす）に該当する。プロボノで、会社の仕事とは違う新しい取り組みに挑戦した。それをLearn（学びを活かす）によって振り返り、自己の強みを再認識したからだ。

・市川氏については、定年前から定年後まで連続的に越境学習を行い、SSTとSOC理論における人生の意義としてキャリアコンサルティングを見出した好事例に位置づけることができる。

第8章
サードエイジを幸福に生きる

定年前と定年後の働き方思考とは

前章までに述べてきた、定年前と定年後の働き方思考をまとめてみると、次のようになるだろう。

・シニアの能力は、一方的に衰えるものではない。エイジズムと悪い自己成就予言に陥らないことに留意する。
・シニアの働き方と幸福感については、一律に捉えず、個人の違いを見ていくことが重要。
・ＳＳＴとＳＯＣ理論に基づき、シニアが自分にとって意義ある目的と親密な人との交流を重視していくと幸福につながる。
・シニアは、サードエイジという期間にあることを理解する。
・昇進などや競争に勝つことだけを重視するマッチョイズムからの囚われを脱する。
・そのためには自己調整していくことが重要。
・働き方思考法では、定年前と定年後を連続的に捉えることが望ましい。
・ジョブ・クラフティングをＳＳＴやＳＯＣ理論と組み合わせる。

・情熱・動機・強みを考えることで、ジョブ・クラフティングを実践できる。またそれが、「自己の成長と専門性の追求」と「全体性」にどう結びつくか考えてみる
・周りが見えないジョブ・クラフターにならないように注意が必要。
・シニアが働くべきかどうかという問いには、各人がその価値観や信念に従って、自由に選択すれば良い。
・働き方の選択肢は雇用だけ、会社員だけ、という考えに囚われず、フリーランスを選択肢にくわえることはシニアにとって意義深い。
・モザイク型就労が進んでいくと、フルタイムで働く従来型の現職継続、転職、起業、フリーランスにくわえて、モザイク型の現職継続、転職、起業、フリーランスという選択肢が誕生する。また、モザイク型現職継続＋モザイク型フリーランス、モザイク型転職＋モザイク型フリーランスなどの組み合わせが可能になる。
・専門性にこだわって、これまでの経験とスキルを十分に活かして、小さな仕事に取り組んでいくという選択肢があってもよい。
・副業でうまくいくコツは、その企業に心から貢献したいと思い、現場の社員と忌憚なくコミュニケーションできる姿勢。年齢・地位・役職の上下にこだわり、指示ばかりして

現場の仕事に手足を動かさず、プライドが高くなっている状態だと、うまくいかない。

・シニアにとっては、役職にこだわらず、第一線の現場のひとりのプレーヤーとして仕事を進めるという姿勢がうまくいくコツ。

・越境学習を通じ、次の3つの効果を目指す。第1に、アウェイで自分にとって意義ある目的を見つける。第2に、アウェイの場で多世代かつ多様な人々と対話をすることによって、年齢・地位・役職の上下にこだわらないコミュニケーションができるようになる。第3に、アウェイで葛藤を経験し自己調整する。

働き方思考と幸福感の関係

働き方思考の概要は前節のとおりだ。さらに、それを簡潔にまとめると、次のようになるだろう。

シニアの働き方思考とは、マッチョイズムに囚われず、役職にこだわらず、第一線の現場のひとりのプレーヤーとして、専門性を向上させながら仕事を進める姿勢である。くわえて、自分にとって意義ある目的と親密な人との交流を重視していく。その際には、自身がサードエイジにあることを意識しながら、自分の情熱・動機・強みを「自己の成長と専門性の追求」と「全体性」に結びつける。また越境学習によって、多世代かつ多様な人々と対話をし、年齢・地位・役職の上下にこだわらないコミュニケーションの習得に心がける。

　この働き方思考が幸福感とどのように関係しているのか、あらためて整理してみたい。心理学者のソニア・リュボミアスキー[*121]とポジティブ心理学や健康心理学・行動医学を専門とする島井哲志[*122]は、それぞれポジティブ心理学に基づき、幸福感を高める行動と習慣を紹介している。それによると、感謝の気持ちを表す、楽観的になる、他人と比較しない、人間関係を育てる、熱中できる活動を増やす、目標達成に全力を尽くす、幸福を追い求めない、人生の意味を感じる、親しい人を大切にする、などの行動や習慣が該当する。

　これらの行動や習慣は、働き方思考と共通している。マッチョイズムに囚われず、役職にこだわらず、第一線の現場のひとりのプレーヤーとして仕事を進めることは、楽観的になる、他人と比較しない、幸福を追い求めないことに通ずるだろう。自分にとって意義ある目的と親密な人との交流を重視していくことは、人間関係を育てる、熱中できる活動を増やす、目標達成に全力を尽くす、人生の意味を感じる、親しい人を大切にすることに通ずるだろう。自分の情熱・動機・強みを「自己の成長と専門性の追求」と「全体性」に結びつけることは、熱中できる活動を増やす、目標達成に全力を尽くす、人生の意味を感じることに通ずるだろう。多世代かつ多様な人々と対話をし、年齢・地位・役職の上下にこだわらないコミュニケーションの習得に心がけることは、感謝の気持ちを表す、人間関係を育てる、親しい人を大切にすることに通ずるだろう。

働き方思考の基盤の理論である、SST、SOC理論、ジョブ・クラフティングの組み合わせは、幸福感の研究とかなり合致することをあらためて確認できたと考える。

「個人事業主マインド」を獲得するための具体的な手段

ミドル・シニアのキャリア相談の専門家である木村勝は、シニアの働き方にとっては「個人事業主マインド」が重要だという。[*123] 個人事業主マインドとは、雇用されているか否かに拘わらず、個人事業主のような気持ちで働いていくことだ。そのためには収入は細く長く考える、働き方は組み合わせる、蓄積してきたスキル（専門性）を重視することが大事だという。

個人事業主マインドは、本書の働き方思考と類似点の多い考え方だろう。

特に自分の専門性（個人事業主マインドでは得意技ともいう）を武器と考えるところは重要

なので、少し紹介しておきたい。シニアは誰でも培ってきた専門性が武器になると考えることが、個人事業主マインドの特徴だ。そのためには、まず専門性を棚卸することが望ましいという。

それができれば、たとえば次のように専門性・スキルを活用して、定年後の働き方を変えたシニアがいたという。「小規模な印刷会社の営業→業務委託の印刷コンサルタント」「地方銀行→金融系のコールセンター長」「中小企業でのひとり何役もの業務→ベンチャー企業での総務役員」。木村によれば、何十年も企業で働いてきたシニアであれば、誰でも必ず武器となる専門性・スキルがあるという。ただ、それを自分の企業の中だけの専門性・スキルとしてみなしてしまうと、応用がきかないという。

定年前と定年後で連続的に働き方思考を培い、自身の専門性・スキルを棚卸できれば、シニアの選択肢が広がるだろう。そのような働き方思考の醸成や専門性・スキルを棚卸するために、シニアがキャリアコンサルタントや教育機関を活用することも望ましいだろう。

筆者が講演をした実績がある、あるいは顧問やアドバイザーを務めている団体をいくつか紹介しておきたい。シニアセカンドキャリア推進協会は、シニアのセカンドキャリアに関するセミナーや研修、勉強会を実施している一般社団法人である。[*124] ライフシフト社は、80歳まで現役で活躍するために、シニアに様々な研修プログラムを提供している。[*125] こうした団体の研修プログラムは、働き方思考を醸成するための参考になろう。

また実際にフリーランスとして働くことを検討する時のために、次の団体を紹介しておきたい。共同調査でも紹介したフリーランス協会は、自分のキャリアを自律的に歩みたいと考えるすべての人のためのインフラとコミュニティづくりを目指す団体である。[*126] インディペンデント・コントラクター協会は、インディペンデント・コントラクターと呼ばれる専門性の高い期限付きの業務を請負契約によって働く人々の場づくりの団体である。[*127]

もちろん、これらの団体のほかに、本書でこれまで紹介してきた様々な団体の仕組みを活用することがシニアの働き方思考の参考になるだろう。

サードエイジを生きる

本書では、働き方と幸福の関係を考えてきた。しかしどのように幸福でありたいか、ということは、あくまで個人の選択の問題であろう。どう生きたいのか、それは個人の自由な意思に委ねられている。誰もが幸福を目指すべきということでもないし、幸福を追い求めることは強制されるべきものではない。また前述したとおり、実は幸福を追い求めすぎるという態度は、その個人の幸福感を損なってしまう。

むしろシニアにとっては、サードエイジをどう生きたいのか、それを心置きなく選択できることにこそ意義があるのではないだろうか。そこで納得のいく選択ができれば、おのずと幸福感が高まっていくということかもしれない。そして、その選択をするにあたっては、できるだけ多くの参考となる考え方やデータがあったほうがいいだろう。サードエイジを生きるシニア、あるいは将来のサードエイジの選択を思い描く方々にとって、本書が示した考え方やデータが少しでも参考になればと願うばかりである。

おわりに

筆者が企業で勤務をするという典型的な会社員から、人材育成の研究者へと転身したのは48歳の時だった。率直にいえば、その時はシニアの働き方の研究には、さほど興味を感じていなかった。越境学習を中心とした研究の進展を目指していたのである。

それから10年が経った。社会人を中心とした研究室の大学院生と議論する中で、シニアの働き方を研究する意義を認識するようになっていった。そして筆者も今や、サードエイジの只中にいる。

研究課題に対して、それを自分と切り離した課題と考えることは、様々な困難がつきまとうだろう。そういう意味では、自分自身の課題として研究に取り組めることは、幸福なことだ。それを気づかせてくれた研究室の大学院生の面々に感謝したい。

本書の執筆にあたっては、多くの方々にご支援をいただいた。研究室で学ばれ、論文を引用させていただいた、倉藤晶子さん、岸田泰則さん、近藤英明さん、水元孝枝さん、橋本直人さん。シニアに関する共同研究者である高尾真紀子さん。シニアのキャリアの実態を解説してくれた宮内正臣さん。光文社へのご縁をつないでくれた上野友子さん。

事例で紹介させていただいた加藤製作所の加藤景司さん。サラダコスモの宮川真一さんと中田智洋さん。Polaris の市川望美さん、大槻昌美さん、山本弥和さん。ＪＯＩＮＳの猪尾愛隆さん。複業家の中村龍太さん。八王子市市民活動支援センターの簾野貞夫さんと堤直樹さん。川崎プロボノ部の吉田純一郎さん。アットキャリアの市川慶輔さん。みなさまには記して感謝申し上げたい。

ほかにも、様々な刺激をいただき、思考を深めていただいた方々がいる。本当にありがたい限りだ。そして、本書の意義を認め、執筆を励ましてくれた光文社の小松現さんには、心より感謝申し上げたい。

あらためて、シニアの読者の人生に、本書が少しでもお役に立てばと願う限りである。

２０２３年２月　茨城県土浦市に向かう特急ときわ号にて

石山恒貴

＊119　株式会社ライフワークスホームページ
https://www.lifeworks.co.jp/cdlabo/person/entry001767.html（2023年2月12日アクセス）
＊120　合同会社アットキャリアホームページ
https://www.atcareer1.com/about-us/（2023年2月12日アクセス）
＊121　ソニア・リュボミアスキー著、金井真弓訳、渡辺誠監修（2012）『幸せがずっと続く12の行動習慣』日本実業出版社
＊122　島井哲志（2021）『科学的に幸福度を高める50の習慣』明日香出版社
＊123　木村勝（2019）『知らないと後悔する定年後の働き方』フォレスト出版
＊124　一般社団法人シニアセカンドキャリア推進協会ホームページ
http://sscpa-j.org/description/（2023年2月17日アクセス）
＊125　株式会社ライフシフトホームページ
https://life-shift.net/company/（2023年2月17日アクセス）
＊126　一般社団法人プロフェッショナル&パラレルキャリア・フリーランス協会ホームページ
https://www.freelance-jp.org/about#aboutus（2023年2月17日アクセス）
＊127　特定非営利活動法人インディペンデント・コントラクター協会ホームページ
https://www.npo-ic.org/home/%e5%8d%94%e4%bc%9a%e6%a6%82%e8%a6%81/%e5%8d%94%e4%bc%9a%e3%81%ab%e3%81%a4%e3%81%84%e3%81%a6/（2023年2月17日アクセス）

＊107　前掲書　ハンディ（1995）
＊108　前掲調査　内閣府（令和４年版）
＊109　前掲論文　石山・パーソル総合研究所（2018）
＊110　八王子市ホームページ
https://www.city.hachioji.tokyo.jp/kurashi/shimin/001/001/002/p000161.html（2023 年 2 月 11 日アクセス）
＊111　橋本直人（2021）「行政等の仕組みを通じてシニア世代が地域活動へ参加するまでのプロセスとその後の活動―はちおうじ志民塾の事例による考察―」法政大学大学院政策創造研究科修士論文
＊112　樋口真己（2004）「高齢者の生きがいと学習」『西南女学院大学紀要』Vol.8, pp.65-73.
＊113　八王子市民活動支援センターホームページ
https://www.shiencenter-hachioji.org/about/（2023 年 2 月 12 日アクセス）
＊114　認定 NPO 法人サービスグラントホームページ
https://grant.community/interview_articles/11（2023 年 2 月 12 日アクセス）
＊115　元本郷お助け隊【チラシ作成支援】
https://www.shiencenter-hachioji.org/jinzai/pdf/2021_otasuke.pdf（2023 年 2 月 12 日アクセス）
＊116　川崎市ホームページ
https://www.city.kawasaki.jp/250/page/0000140867.html（2023 年 2 月 12 日アクセス）
＊117　公益財団法人かわさき市民しきんホームページ
http://shimin-shikin.jp/news.php（2023 年 2 月 12 日アクセス）
＊118　川崎市ホームページ
https://www.city.kawasaki.jp/250/page/0000066149.html（2023 年 2 月 12 日アクセス）

＊94　ココナラホームページ
https://coconala.com/（2023 年 2 月 10 日アクセス）

＊95　ストアカホームページ
https://www.street-academy.com/（2023 年 2 月 10 日アクセス）

＊96　前掲書　檜山（2017）

＊97　GBER ホームページ
http://gber.jp/（2023 年 2 月 10 日アクセス）

＊98　R60-SETAGAYA- ホームページ
https://r60-setagaya.net/（2023 年 2 月 10 日アクセス）

＊99　Polaris ホームページ
https://polaris-npc.com/（2023 年 2 月 10 日アクセス）

＊100　R60-SETAGAYA-note
https://note.com/r60_setagaya/n/nd363b02f07e8（2023年2月10日アクセス）

＊101　R60-SETAGAYA-note
https://note.com/r60_setagaya/n/n864bfe28d9ec（2023年2月10日アクセス）

＊102　R60-SETAGAYA-note
https://note.com/r60_setagaya/n/n463b2f70547b（2023年2月10日アクセス）

＊103　R60-SETAGAYA-note
https://note.com/r60_setagaya/n/n27b1db59faef（2023年2月10日アクセス）

＊104　JOINS ホームページ
https://joins.co.jp/（2023 年 2 月 10 日アクセス）

＊105　松永桂子（2015）『ローカル志向の時代　働き方、産業、経済を考えるヒント』光文社

＊106　キャリアのこれから研究所ホームページ
https://future-career-labo.com/2022/03/29/ogata11/（2023 年 2 月 10 日アクセス）

＊79　「ちっこりちこ蔵―ちこり村のSDGs」ちこり村ホームページ https://www.chicory.jp/blog/chiccorichicozo（2023年2月5日アクセス）

＊80　以下のちこり村に関する記述は2017年当時の取材に基づく。ちこり村の経営の詳細、スタッフの在籍および写真の展示の状況については、その後変化している。

＊81　佐藤一斎著、川上正光全訳注（1980）『言志四録（三）言志晩録』講談社

＊82　楠木新（2017）『定年後　50歳からの生き方、終わり方』中央公論新社

＊83　勢古浩爾（2017）『定年バカ』SBクリエイティブ

＊84　内閣府「令和4年版高齢社会白書」

＊85　前掲調査　内閣府（令和2年版）

＊86　坂本貴志（2022）『ほんとうの定年後　「小さな仕事」が日本社会を救う』講談社

＊87　谷田千里・株式会社タニタ編著（2019）『タニタの働き方革命』日本経済新聞出版

＊88　宇田忠司（2009）「フリーランスの言説スペクトル：英雄・騎士・従僕」『經濟學研究』Vol.59,No.3,pp.215-224

＊89　石山恒貴（2021）「雇用によらない働き方におけるワーク・エンゲイジメントの規定要因：雇用者とフリーランスの比較分析」『日本労働研究雑誌』Vol.63, No.1, pp.67-87.

＊90　同上論文

＊91　ブルーノ・S・フライ著、白石小百合訳（2012）『幸福度をはかる経済学』NTT出版

＊92　檜山敦（2017）『超高齢社会2.0　クラウド時代の働き方革命』平凡社

＊93　ビザスクホームページ
https://visasq.co.jp/（2023年2月10日アクセス）

＊69　パーソル総合研究所・法政大学 石山研究室「ミドル・シニアの躍進実態調査・40～60代のミドル・シニアを部下に持つ年下上司に求められる『年齢逆転マネジメント』のヒント」
https://rc.persol-group.co.jp/thinktank/column/201807130001.html（2023年1月30日アクセス）
＊70　前掲論文　水元（2017）
＊71　片岡裕司（2016）『なんとかしたい！「ベテラン社員」がイキイキ動き出すマネジメント』日本経済新聞出版
＊72　ジム・クリフトン、ジム・ハーター著、古屋博子訳（2022）『職場のウェルビーイングを高める1億人のデータが導く「しなやかなチーム」の共通項』日本経済新聞出版
＊73　同上書
＊74　Marmot, M. G., Stansfeld, S., Patel, C., North, F., Head, J., White, I., Brunner E., Feeney A., & Smith, G. D. (1991). Health inequalities among British civil servants: the Whitehall II study. *The Lancet*, 337(8754), 1387-1393.
＊75　前掲論文　岸田・石山（2015）
＊76　「ミドル・シニア世代の活用から躍進に向けて人事が取り組むべきこと」dodaホームページ
https://www.saiyo-doda.jp/column/seminar/seminar_20180918（2023年2月3日アクセス）
＊77　「なぜ？　YKKが「定年廃止」を決めた理由　65歳以上の評価・報酬はどうなるのか」ITmediaビジネスオンライン
https://www.itmedia.co.jp/business/articles/2105/31/news013_3.html（2023年2月3日アクセス）
＊78　「シニアが変えた「奇跡の町工場」　加藤製作所の働き方改革」ITmediaビジネスオンライン
https://www.itmedia.co.jp/business/articles/1809/21/news017.html（2023年2月4日アクセス）

＊59　Baker, J. (2019) “The Story of Three Bricklayers – A Parable About The Power of Purpose” Sacred Structures. https://sacredstructures.org/mission/the-story-of-three-bricklayers-a-parable-about-the-power-of-purpose/（2023 年 1 月 22 日アクセス）

＊60　Wrzesniewski, A., Berg, J. M., & Dutton, J. E. (2010). Turn the job you have into the job you want. *Harvard Business Review,* 88(6), 114-117.

＊61　前川孝雄（2019）『50 歳からの逆転キャリア戦略　「定年＝リタイア」ではない時代の一番いい働き方、辞め方』PHP研究所

＊62　前掲論文 Wrzesniewski, Berg, & Dutton (2010)

＊63　労働政策研究・研修機構（2021）「70 歳就業時代の展望と課題～企業の継続雇用体制と個人のキャリアに関する実証分析」『労働政策研究報告書』No.211

＊64　岸田泰則・石山恒貴（2015）「高齢者と若年者が共存する職場のマネジメントの検討：中小企業の経営サイドからの分析」『地域イノベーション』No.8,pp.3-14.

＊65　パーソル総合研究所・法政大学 石山研究室「ミドル・シニアの躍進実態調査・50 代からではもう遅い？ 40 代から始めるキャリア支援のススメ」
https://rc.persol-group.co.jp/thinktank/column/201807280001.html（2023 年 2 月 1 日アクセス）

＊66　前掲論文　大木（2018）

＊67　近藤英明（2020）「役職定年もしくは定年再雇用を経験したシニア社員のワークモチベーションについて」法政大学大学院政策創造研究科修士論文

＊68　水元孝枝（2017）「日本的雇用慣行企業における 50 歳以上社員のワーク・モチベーションに関する研究―心理的契約の観点から―」法政大学大学院政策創造研究科修士論文

＊47　岸田泰則（2023）『シニアと職場をつなぐ　ジョブ・クラフティングの実践』学文社

＊48　前掲書　岸田（2023）　第 6 章

＊49　Li, Y., Gong, Y., Burmeister, A., Wang, M., Alterman, V., Alonso, A., & Robinson, S. (2021). Leveraging age diversity for organizational performance: An intellectual capital perspective. *Journal of Applied Psychology*, 106(1), 71-91.

＊50　Wrzesniewski, A., & Dutton, J. E. (2001). Crafting a job: Revisioning employees as active crafters of their work. *Academy of management review*, 26(2), 179-201

＊51　Berg, J. M., Dutton, J. E., & Wrzesniewski, A. (2013). Job crafting and meaningful work. *Purpose and meaning in the workplace*, American Psychological Association, Washington, 81-104, p2.

＊52　福島文二郎（2010）『9 割がバイトでも最高のスタッフに育つ　ディズニーの教え方』中経出版

＊53　矢部輝夫（2013）『奇跡の職場　新幹線清掃チームの働く誇り』あさ出版

＊54　新津春子（2015）『世界一清潔な空港の清掃人』朝日新聞出版

＊55　「World's Cleanest Airports 2002」SKYTRAX 社ホームページ

https://www.worldairportawards.com/worlds-cleanest-airports-2022/　（2023 年 1 月 17 日アクセス）

＊56　前掲論文　Wrzesniewski & Dutton(2001)

＊57　P.F. ドラッカー著、上田惇生訳（2008）『ドラッカー名著集 14 マネジメント［中］　課題、責任、実践』ダイヤモンド社，70 頁

＊58　「「3 人のレンガ職人」を追って」（前編）毎日新聞 2022 年 4 月 1 日朝刊、「「3 人のレンガ職人」を追って」（後編）毎日新聞 2022 年 4 月 2 日朝刊

(Eds.), *Successful Aging: Perspectives From the Behavioral Sciences*, Cambridge University Press, pp.1–34.

＊35　小田利勝（2004）「社会老年学における適応理論再考」『神戸大学発達科学部研究紀要』Vol.11, No,2, pp.361-376.

＊36　前掲論文 Carstensen (1995), Carstensen, & Mikels (2005).

＊37　渡辺一郎（1999）『伊能忠敬の歩いた日本』筑摩書房

＊38　Laslett, P. (1991). *A fresh map of life: The emergence of the third age.* Harvard University Press.

＊39　前掲書　片桐（2017）

＊40　チャールズ・ハンディ著、小林薫訳（1995）『パラドックスの時代　大転換期の意識革命』ジャパンタイムズ

＊41　小田利勝（2004）「少子高齢社会におけるサードエイジとアクティブ・エイジング」『神戸大学発達科学部研究紀要』Vol.10, No.4, pp.1-22.

＊42　筒井健太郎（2022）「マッチョイズム―男性がありのままになることを阻む壁」リクルートワークス研究所
https://www.works-i.com/column/works04/detail054.html（2023年1月4日アクセス）

＊43　G・ホフステード著、岩井紀子・岩井八郎訳（1995）『多文化世界　違いを学び共存への道を探る』有斐閣

＊44　ロナルド・イングルハート著、山﨑聖子訳（2019）『文化的進化論　人びとの価値観と行動が世界をつくりかえる』勁草書房

＊45　Baltes, P.B. (1997). On the incomplete architecture of human ontogeny: selection, optimization, and compensation as foundation of developmental theory, *American Psychologist*, Vol. 52 No. 4, pp.366–380.

＊46　倉藤晶子（2022）「術中看護を実践する中高年看護師の職務継続への意思決定プロセス」法政大学大学院政策創造研究科修士論文

＊23　高木朋代（2014）「65歳雇用義務化の重み」『日本労働研究雑誌』No.643, pp.21-30.
＊24　厚生労働省（2018）『高年齢者の雇用状況』
＊25　Takao, M., & Ishiyama, N. (2021). Effect of career adaptability on subjective well-being of middle-aged and older employees. *Sustainability,* 13(5), 2570.
＊26　石山恒貴・高尾真紀子（2021）「役職定年制と定年再雇用対象者におけるワーク・エンゲイジメントの実態と規定要因」『日本労務学会誌』Vol.21,No.3, pp.43-62.
＊27　島津明人（2014）『ワーク・エンゲイジメント　ポジティブ・メンタルヘルスで活力ある毎日を』労働調査会
＊28　前掲書、石山恒貴・パーソル総合研究所（2018）
＊29　Cumming, E.,& Henry, W. H. (1961). *Growing Old: The Process of Disengagement,* New York: Basic Books.
＊30　Havighurst,, R. J. (1961). Successful Aging, *The Gerontologist,* 1,8-13.
＊31　Atchley, R.C. (1989). A Continuity Theory of Normal Aging, *The Gerontologist,* 29(2), 183–190, https://doi.org/10.1093/geront/29.2.183
＊32　片桐恵子（2017）『「サードエイジ」をどう生きるか　シニアと拓く高齢先端社会』東京大学出版会
＊33　Carstensen, L.L. (1995). Evidence for a life-span theory of socioemotional selectivity. *Current Directions in Psychological Science,* Vol. 4 No. 5, pp.151–156.

Carstensen, L.L. & Mikels, J.A. (2005). At the intersection of emotion and cognition: aging and the positivity effect. *Current Directions in Psychological Science,* 14(3), 117–121.
＊34　Baltes, P.B., & Baltes, M.M. (1990). Psychological perspectives on successful aging: the model of selective optimization with compensation. Baltes, P.B.,& Baltes, M.M.

＊11　前野隆司・前野マドカ（2022）『ウェルビーイング』日経BP

＊12　アリストテレス著、渡辺邦夫・立花幸司訳（2015）『ニコマコス倫理学　上・下』光文社

＊13　内閣府「令和2年版高齢社会白書」

＊14　石山恒貴・パーソル総合研究所（2018）『会社人生を後悔しない40代からの仕事術』ダイヤモンド社

＊15　Diener, E., Emmons, R.A., Larsen, R.J.,& Griffin, S. (1985). The Satisfaction with Life Scale, *Journal of Personality Assessment*, 49,71-75.

＊16　神谷美恵子（2004）『神谷美恵子コレクション　生きがいについて』みすず書房

＊17　ヴィクトール・E・フランクル著、池田香代子訳（2002）『夜と霧　新版』みすず書房

＊18　Blanchflower, D. G. (2021). Is happiness U-shaped everywhere? Age and subjective well-being in 145 countries. *Journal of Population Economics*, 34(2), 575-624.

＊19　リクルートワークス研究所「全国就業実態パネル調査（JPSED）2022」
https://www.works-i.com/research/works-report/2022/jpsed2022data.html　（2022年12月31日アクセス）

＊20　大木栄一（2018）「経験者から見た『役職定年制』の評価・課題とキャリア・シフト・チェンジ：求められる『役職定年制』の再構築」『エルダー』Vol.40,No.12, pp.48-51.

＊21　日本経済団体連合会（2015）『中高齢従業員の活躍推進に関するアンケート調査結果』.

＊22　人事院「民間企業における役職定年制・役職任期制の実態」
https://www.jinji.go.jp/kenkyukai/koureikikenkyukai/h20_15/h20_15_siryou/h20_15_siryou_02_02.pdf　（2023年1月3日アクセス）

注釈

＊1　今野浩一郎（2014）『高齢社員の人事管理　戦力化のための仕事・評価・賃金』中央経済社

＊2　原田謙（2020）『「幸福な老い」と世代間関係』勁草書房

＊3　古屋星斗（2022）『ゆるい職場　若者の不安の知られざる理由』中央公論新社

＊4　Pfeffer, J. (2001). Fighting the War for Talent is Hazardous to Your Organization's Health. *Organizational Dynamics*, 29(4), 248-259.

＊5　新谷好（2002）「ピグマリオン物語の変容について」『追手門学院大学文学部紀要』38, 45-55.

＊6　Horn, J. L., & Cattell, R. B. (1967). Age differences in fluid and crystallized intelligence. *Acta Psychologica*, 26, 107-129.

＊7　Schaie, K.W. (2013). Developmental influences on adult intelligence: The Seattle Longitudinal Study (2nd ed.). New York: Oxford University Press.

＊8　一般社団法人日本スポーツ栄養協会 公式情報サイト・スポーツ栄養 Web「元気な高齢者が増えている!? スポーツ庁「体力・運動能力調査」（1）年齢別にみた体力・運動能力とその年次推移」

https://sndj-web.jp/news/000424.php　（2022年12月30日アクセス）

＊9　西田裕紀子（2016）「高齢期における知能の加齢変化」

https://www.tyojyu.or.jp/net/topics/tokushu/koureisha-shinri/shinri-chinouhenka.html

前掲論文　Schaie（2013）

＊10　経済協力開発機構（OECD）編著、桑原進監訳、高橋しのぶ訳（2015）『主観的幸福を測る　OECDガイドライン』明石書店

本文図表作成／デザイン・プレイス・デマンド
本文写真／著者

石山恒貴（いしやまのぶたか）

1964年新潟県生まれ。法政大学大学院政策創造研究科教授。博士（政策学）。NEC、GE、ライフサイエンス会社を経て現職。越境的学習、キャリア形成、人的資源管理等を研究。日本労務学会副会長、人材育成学会常任理事。主な著書に『越境学習入門』（共著、日本能率協会マネジメントセンター）、『日本企業のタレントマネジメント』（中央経済社）、『地域とゆるくつながろう！』（編著、静岡新聞社）、『越境的学習のメカニズム』（福村出版）などがある。

定年前《ていねんまえ》と定年後《ていねんご》の働《はたら》き方《かた》　サードエイジを生《い》きる思考《しこう》

2023年5月30日初版1刷発行

著　者 ── 石山恒貴
発行者 ── 三宅貴久
装　幀 ── アラン・チャン
印刷所 ── 堀内印刷
製本所 ── ナショナル製本
発行所 ── 株式会社光文社
東京都文京区音羽1-16-6（〒112-8011）
https://www.kobunsha.com/
電　話 ── 編集部03（5395）8289　書籍販売部03（5395）8116
業務部03（5395）8125
メール ── sinsyo@kobunsha.com

ISBN 978-4-334-04662-0

光文社新書

1234
小学校受験
現代日本の「教育する家族」
望月由起

拡大・過熱・多様化——誰が、なぜ、どのように受験しているのか。入学後の環境は？ 教育学者が小学校受験の実際や問題点、評価すべき点などを、経験者の声も交え具体的・リアルに報告。
978-4-334-04641-5

1235
アニメ療法《セラピー》
心をケアするエンターテインメント
パントー・フランチェスコ

日本のポップカルチャーの力で、心を治癒することはできるか。イタリア出身のオタク精神科医が精神医学や心理学の知見を物語療法と接続し、新しい「アニメ療法《セラピー》」を構想する。

978-4-334-04642-2

1236
安い・美味しい・簡単
実践 健康食
岩田健太郎

「近所のスーパーの特売品で自炊」に健康が詰まってる…感染症医でファイナンシャル・プランナーの資格も持つ著者と考える、お金をかけず、持続可能でより豊かに生きるための食事術。

978-4-334-04643-9

1237
社会を変えるスタートアップ
「就労困難者ゼロ社会」の実現
小野貴也

全国1500万人の「就労困難者」に適切な仕事を提供し、労働力減少を補う。社会課題を解決するスタートアップが見据える日本経済の未来像と、その先にあるインクルーシブ社会とは。

978-4-334-04644-6

1238
教育大国シンガポール
日本は何を学べるか
中野円佳

激しい教育競争、点数化する習い事——煽られ、葛藤する母親達、疲弊する子ども達。教育社会学研究者・ジャーナリストが現地の教育システムの実態を、インタビュー調査を交え報告。

978-4-334-04645-3

光文社新書

1244
改訂版 東大合格高校盛衰史
1949年〜最新ランキング徹底解剖
小林哲夫

日本一の頭脳たちはどこから集うのか？ 名門進学校の凋落と躍進を辿ることで、日本社会の構造が浮き彫りになる。戦後から今に至るまでの合格者数ランキングで、東大受験の実情を一挙総覧！

978-4-334-04651-4

1245
リスキリングは経営課題
日本企業の「学びとキャリア」考
小林祐児

急速に取り組みが進む、知識やスキルの学び直し「リスキリング」を阻む、日本企業特有の構造とは何か。大人が世界一学ばない国・日本における学び方、働き方の新たな仕組みを考える。

978-4-334-04652-1

1246
宇宙ベンチャーの時代
経営の視点で読む宇宙開発
小松伸多佳　後藤大亮

宇宙開発は民間企業がイニシアティブをとる「ビジネス」として生まれ変わりつつある。ベンチャー・キャピタリストとJAXAのエンジニアが企業経営とサイエンスの観点から展望する。

978-4-334-04653-8

1247
東大生、教育格差を学ぶ
松岡亮二　髙橋史子
中村高康　編著

地域・性別・社会階層など本人が変えることのできない「生まれ」によって学力や学歴などに差がうまれる「教育格差」を、東大生38人はどう捉えるか。白熱ゼミの模様を新書化。

978-4-334-04654-5

1248
90歳までに使い切る
お金の賢い減らし方
大江英樹

「貯める・増やす」の呪縛、「老後不安」という物語に振り回されず、価値ある使い方をすることで人生を豊かに生きる方法とは。お金の本質を掘り下げ、日本人のお金観に一石を投じる。

978-4-334-04655-2

光文社新書

1249

大人のマナー術

辛酸なめ子

コロナ禍の限られた人付き合いで、辛酸さんのマナー感覚は危機的状況に。一念発起、よりよい人間関係のヒントを学びます。今こそ読みたい、避けられないコミュニケーションへの処方箋！

978-4-334-04656-9

1250

会社のなかの「仕事」社会のなかの「仕事」

資本主義経済下の職業の考え方

阿部真大

際限のない「超」長時間労働、蔓延するやりがい搾取、働き手を蝕む過剰サービス。日本人の働き方は、どうすれば変えられるのか？ 疲弊した日本経済に「職業の社会学」が新たな地平を拓く。

978-4-334-04657-6

1251

山本五十六、最期の15日間

歴史に埋もれた「幻の3番機」

池田遼太
〈語り〉青木藏男

「私は1943年4月18日、米軍に撃墜された長官機の後ろを飛んでいました」。99歳の元搭乗員が明かす、山本五十六の戦死の真相。日本海軍の頂点と地べたが交わる戦場ノンフィクション。

978-4-334-04658-3

1252

再考 ファスト風土化する日本

変貌する地方と郊外の未来

三浦展

全国各地のロードサイドに同じような商業施設が建ち並ぶ「ファスト風土化」によって、郊外とそこに暮らす人々の意識はどう変わったか。小説家、建築家、研究者ら13名の論考を収録。

978-4-334-04659-0

1253

コミュ力は「副詞」で決まる

石黒圭

「めっちゃ」「やっぱり」「じつは」「なるほど」「せっかく」「あいにく」「おかげさまで」…etc. 気持ちを効果的に伝える最強の助っ人「副詞」、その分類と機能を知り、使い方の勘所を学ぶ。

978-4-334-04660-6

光文社新書

1254

阪神タイガースはなんで優勝でけへんのや？

喜瀬雅則

歴史　看板　風土　戦略　育成　苦悩　誤解　派閥　そして「アレ」——9つの枠組で分析する優勝が遠のく理由。阪神ファンの元番記者だから書けた「新・阪神タイガース論」。

978-4-334-04661-3

1255

定年前と定年後の働き方

サードエイジを生きる思考

石山恒貴

定年前と定年後の働き方は、個人の思考ひとつで大きく変わる——。この時期を、どう働き、どう過ごし、どう生きるのか。幸福な働き方を実現する思考法を、研究理論と実例から探る。

978-4-334-04662-0

1256

編集者の読書論

面白い本の見つけ方、教えます

駒井稔

古典新訳文庫創刊編集長が綴《つづ》る気取らぬ読書論。話題は海外の書店や出版社、作家、歴史的人物、古典、短編、児童書へと縦横無尽に広がり、未読の本の存在にわくわくすること間違いなし！

978-4-334-04663-7

1257

超遺伝子《スーパージーン》

藤原晴彦

生き物の不思議を司る超遺伝子。メスの一部だけが擬態するナガサキアゲハなど、ダーウィンとウォレスが残した謎を解き明かして見えてきた、遺伝学の新たなフロンティアに迫る。

978-4-334-04664-4

1258

理想の職場マネージメント

一軍監督の仕事

髙津臣吾

個性豊かな選手がひとつの方向を向くチームをつくるには？セ・リーグ連覇、交流戦優勝、ゆとりローテーション、言葉の力——球界に革新を起こす名将が自らのマネージメント手法を語る。

978-4-334-04665-1